RAS
मुख्य परीक्षा
लोक प्रशासन एवं प्रबन्धन की अवधारणाएँ, मुद्दे एवं गत्यात्मकता

(प्रश्न पत्र-III, इकाई-II)

प्रभात
पेपरबैक्स
www.prabhatbooks.com

* इस पुस्तक में प्रकाशित सूचनाएँ एवं तथ्य पूरी तरह से सत्यापित किए गए हैं। तथापि, यदि कोई जानकारी या तथ्य गलत प्रकाशित हो गया हो तो प्रकाशक, संपादक अथवा मुद्रक उससे किसी व्यक्ति-विशेष अथवा संस्था को पहुँची क्षति के लिए जिम्मेदार नहीं होगा।
* सभी विवादों का निपटारा दिल्ली न्यायिक क्षेत्र में होगा।

प्रकाशक

प्रभात पेपरबैक्स

4/19 आसफ अली रोड, नई दिल्ली-110002

फोन : 23289555 • 23289666 • 23289777 • हेल्पलाइन/ 7827007777

ई-मेल : prabhatbooks@gmail.com ❖ वेब ठिकाना : www.prabhatbooks.com

संस्करण

प्रथम, 2019

लेखन एवं संपादन

सम्यक् टीम

अ.मा.पु.स. 978-93-5322-188-1

★

LOK PRASHASAN EVAM PRABANDHAN KI AVDHARANAYEN

Ravinder Shekhawat

Published by **PRABHAT PAPERBACKS**

4/19AsafAli Road, New Delhi-110002

ISBN 978-93-5322-188-1

विषय-सूची

अध्याय-1

प्रशासन : अर्थ, प्रकृति एवं महत्त्व तथा विकसित व विकासशील समाजों में लोक प्रशासन की भूमिका

अति लघुत्तरात्मक प्रश्न

प्रश्न 1. प्रशासन से आप क्या समझते हैं?

उत्तर : प्र+शास् = प्रशासन का शाब्दिक अर्थ है- विशिष्ट रीति से शासन कार्य को करना। यह एक व्यवस्था है, जो लोकनीतियों व कानूनों का क्रियान्वयन करता है।

प्रश्न 2. प्रशासन के प्रमुख लक्षण बताइए।

उत्तर : (1) सहयोग (2) सामान्य लक्ष्य (3) सत्ता

प्रश्न 3. प्रशासन संबंधी दृष्टिकोण व उनके समर्थकों के नाम बताइए।

उत्तर : प्रशासन सम्बंधी दो दृष्टिकोण हैं-

(1) प्रबंधात्मक दृष्टिकोण - समर्थकः हर्बर्ट साइमन, थॉम्पसन, स्मिथबर्ग।

(2) एकीकृत दृष्टिकोण - जिसके प्रमुख समर्थक हेनरी, फेयोल, पिफनर, मार्क्स, व्हाइट हैं।

प्रश्न 4. प्रशासन का प्रबंधात्मक दृष्टिकोण से क्या तात्पर्य है?

उत्तर : इस दृष्टिकोण के अनुसार प्रशासन में केवल नियोजन, संगठन, समन्वय, निर्देशन, नियंत्रण, पर्यवेक्षण इत्यादि गतिविधियाँ ही सम्मिलित की जानी चाहिए। प्रशासन में दैनिक व शारीरिक कार्य सम्मिलित नहीं किये जाते।

प्रश्न 5. प्रशासन के एकीकृत दृष्टिकोण को वर्गीकृत कीजिए।

उत्तर : यह दृष्टिकोण मानता है कि प्रशासन उन समस्त गतिविधियों का योग है जो निर्धारित लक्ष्यों व उद्देश्यों की पूर्ति के लिए की जाती है।

प्रश्न 6. लोक प्रशासन क्या है?

उत्तर : यह प्रशासन का वह भाग है जो सामान्य जनता के लाभार्थ कार्य करता है। इसका संबंध सार्वजनिक नीतियों व कानूनों के क्रियान्वयन से है। यह राजनीतिक वातावरण में कार्य करता है।

प्रश्न 7. वुडरो विल्सन के अनुसार, लोक प्रशासन/प्रशासन की परिभाषा दीजिए।

उत्तर : वुडरो विल्सन के अनुसार, ''लोक प्रशासन विधि अथवा कानून को विस्तृत एवं क्रमबद्ध रूप में क्रियान्वित करने का काम है। कानून को क्रियान्वित करने की प्रत्येक क्रिया प्रशासकीय क्रिया है।''

प्रश्न 8. एल.डी. व्हाइट के अनुसार लोक प्रशासन की परिभाषा दीजिए।

उत्तर : एल.डी. व्हाइट के अनुसार, लोक प्रशासन में वे समस्त क्रियाएँ सम्मिलित हैं, जिनका प्रयोजन प्रशासकीय नीतियों को पूरा करना अथवा कार्यान्वित करना है।

प्रश्न 9. लोक प्रशासन के दो प्रमुख लक्षण बताइए।

उत्तर : (1) लोक प्रशासन का संबंध सार्वजनिक समस्याओं व सरकारी कार्यों से होता है।

(2) यह राजनीतिक व्यवस्था के मातहत संचालित होता है।

प्रश्न 10. पोस्डकोर्ब (POSDCORB) दृष्टिकोण क्या है?

उत्तर : लोक प्रशासन के क्षेत्र को स्पष्ट करने वाला यह दृष्टिकोण लूथर गुलिक द्वारा प्रतिपादित है। यह 7 तकनीकों Planning, Organizing, Staffing, Directing, Co-ordinating, Reporting व Budgetting के प्रथम अक्षरों से गठित है। 1971 में इसमें E = Evalution शब्द और जोड़ दिया गया है।

प्रश्न 11. हेनरी फेयोल की पोकोक (POCCOC) अवधारणा क्या है?

उत्तर : शास्त्रीय विचारक फेयोल ने प्रशासन के तत्वों को स्पष्ट करने के लिए पोकोक दृष्टिकोण दिया। इसमें सम्मिलित हैं- Planning, Organizating, Commanding, Co-ordinating व Control।

प्रश्न 12. विलोबी के अनुसार लोक प्रशासन का क्षेत्र बताइए।

उत्तर : विलोबी लोक प्रशासन में निम्नलिखित क्रियाओं को लोक प्रशासन के क्षेत्र में शामिल करता है:-

(1) संगठन, (2) नियंत्रण-निर्देशन, (3) कार्मिक प्रबंध (4) वित्त तथा (5) भौतिक संसाधन व पूर्ति।

प्रश्न 13. पर्सी मैकक्वीन के अनुसार लोक प्रशासन का क्षेत्र बताइए।

(*अथवा*) पर्सी मैकक्वीन की 3M's अवधारणा क्या है?

उत्तर : पर्सी मैकक्वीन की 3M's अवधारणा में तीन बातें सम्मिलित हैं:- (1) मनुष्य (Man), (2) भौतिक संसाधन (Material), अथवा (3) विधियाँ (Methods)।

प्रश्न 14. लोक प्रशासन का संकुचित दृष्टिकोण क्या है?

उत्तर : लूथर गुलिक, हरबर्ट साइमन आदि इसके समर्थक हैं। इनके अनुसार लोक प्रशासन का संबंध कार्यपालिका से है। सरकार के दो अन्य अंग-व्यवस्थापिका व न्यायपालिका लोक प्रशासन के क्षेत्र में सम्मिलित नहीं है।

प्रश्न 15. लोक प्रशासन का व्यापक दृष्टिकोण क्या है?

उत्तर : विलोबी, निग्रो, एल.डी. व्हाइट इत्यादि विचारक इसके समर्थक हैं। इनके अनुसार लोक प्रशासन का संबंध सरकार के तीनों अंगों (कार्यपालिका, व्यवस्थापिका व न्यायपालिका) से है।

प्रश्न 16. लोक प्रशासन का लोक नीति दृष्टिकोण क्या है?

उत्तर : लासवेल, लिन, ड्रोर, मर्सन इसके प्रमुख समर्थक हैं। इनके अनुसार लोक प्रशासन लोक नीति क्रियान्वयन करने के साथ नीति निर्माण में सहयोगी पक्ष है।

प्रश्न 17. लोक प्रशासन का पाठ्य-विषयवस्तु दृष्टिकोण क्या है?

उत्तर : इस दृष्टिकोण के प्रमुख समर्थक लेविस मेरियम हैं। इस दृष्टिकोण के अनुसार प्रशासनिक संगठन पोस्डकोर्ब व पाठ्य विषयवस्तु दोनों का योग है। वह क्षेत्र जहाँ तकनीकें प्रयुक्त होती हैं। उनका ज्ञान प्रबंधक को होना चाहिए।

प्रश्न 18. लोक प्रशासन की प्रकृति बताइए।

उत्तर : लोक प्रशासन कला व विज्ञान (सामाजिक विज्ञान) दोनों हैं। विशेष कौशल, क्रमिक विकास, सृजनात्मकता के गुण के कारण कला है। आनुभाविक सिद्धांतों की उपस्थिति, सीमित भविष्यवाणी, विश्लेषणात्मक तकनीकों (PERT, CPM) के कारण सामाजिक विज्ञान है।

प्रश्न 19. लोक प्रशासन की प्रकृति के तीन स्कूल व उनके समर्थकों का उल्लेख कीजिए?

उत्तर : (1) लोक प्रशासन विज्ञान है- विलोबी, बरनार्ड, वुडरो, विल्सन।

(2) लोक प्रशासन विज्ञान नहीं है- वाल्डो, वालेस, फाइनर, कोटन, उर्बिक।

(3) लोक प्रशासन कला है- आर्डवे टीड, कौटिल्य, गुलिक।

प्रश्न 20. लोक प्रशासन के महत्व के दो बिन्दु लिखिए।

उत्तर : (1) कानून-व्यवस्था का अनुरक्षण।

(2) लोकनीतियों का क्रियान्वयन व सामाजिक परिवर्तन लाना।

प्रश्न 21. आधुनिक युग में लोक प्रशासन के बढ़ते महत्व के दो कारण बताइए।

उत्तर : (1) वैज्ञानिक व तकनीकी विकास।

(2) वर्ग संघर्ष, सांप्रदायिकता, आतंकवाद, नक्सलवाद इत्यादि चुनौतियाँ।

प्रश्न 22. विकसित राष्ट्रों के लोक प्रशासन/प्रशासन की चार विशेषताएँ बताइए।

उत्तर : (1) राष्ट्रीय कानूनों के प्रति प्रतिबद्धता।

(2) विकेन्द्रीकृत स्वरूप।

(3) प्रशासन का संवेदनशील व जवाबदेय होना।

(4) पेशेवर प्रशासनिक तंत्र।

प्रश्न 23. विकासशील राष्ट्रों के प्रशासन/लोक प्रशासन की चार विशेषताएँ/समस्याएँ बताइए।

उत्तर : (1) प्रशासन तंत्र का बढ़ता आकार।

(2) प्रशासनिक जवाबदेहिता की कमी (बकमास्टरशिप)।

(3) विशेषज्ञों की अपेक्षा सामान्यज्ञों का वर्चस्व।

(4) अनावश्यक राजनीतिक हस्तक्षेप।

प्रश्न 24. लोक प्रशासन के प्रमुख विषय क्षेत्रों की गणना कीजिए।

उत्तर : (1) संगठन सिद्धांत, (2) कार्मिक प्रशासन, (3) वित्तीय प्रशासन, (4) तुलनात्मक प्रशासन, (5) लोक नीति।

प्रश्न 25. लोक प्रशासन में मानवीय तत्व किन दो रूपों में होता है?

उत्तर : (1) प्रशासन तथा जनता के मध्य संबंध।

(2) प्रशासन व कार्मिक वर्ग के मध्य संबंध।

प्रश्न 26. लोक प्रशासन व निजी प्रशासन संबंध के दो दृष्टिकोण व उनके समर्थक बताइए।

उत्तर : (1) समानता का दृष्टिकोण- हेनरी फेयोल, मेरी पार्कर फोलेट, उर्विक।

(2) असमानता का दृष्टिकोण- पॉल, एपीलबी, निग्रो, हरबर्ट साइमन।

प्रश्न 27. निजी प्रशासन की दो प्रमुख विशेषताएँ बताइए।

उत्तर : (1) नीति प्रशासन का प्रमुख उद्देश्य लाभ कमाना है।

(2) इसका स्वरूप गैर राजनीतिक होता है।

प्रश्न 28. निजी प्रशासन से क्या तात्पर्य है?

उत्तर : व्यक्ति या व्यक्ति समूह द्वारा नियंत्रण, निर्देशित व संचालित प्रशासन; इसका प्रमुख उद्देश्य लाभ कमाना होता है और यह अपने ग्राहकों से विभेदक व्यवहार करता है।

प्रश्न 29. साइमन के अनुसार लोक व निजी प्रशासन में अंतर बताइए।

उत्तर : (1) लोक प्रशासन का स्वरूप नौकरशाही जबकि निजी प्रशासन व्यापारिक स्वरूप का होता है।

(2) लोक प्रशासन राजनीतिक जबकि निजी प्रशासन अराजनीतिक होता है।

(3) लोक प्रशासन लालफीताशाही से युक्त जबकि निजी प्रशासन इससे मुक्त होता है।

प्रश्न 30. लोक प्रशासन व निजी प्रशासन में असमानता के चार बिन्दु बताइए।

उत्तर : (1) राजनीतिक निर्देश। (2) व्यवहार में एक रूपता।

(3) जन-उत्तरदायित्व। (4) सेवा सुरक्षा।

प्रश्न 31. लोक प्रशासन व निजी प्रशासन में समानता के चार बिन्दु बताइए।

उत्तर : (1) संगठन की आवश्यकता, (2) कार्यप्रणाली की समानता, (3) जनसंपर्क, (4) अनुसंधान व शोध।

प्रश्न 32. पॉल एपिलबी ने किन आधारों पर लोक व निजी प्रशासनों में अंतर किया है?

उत्तर : राजनैतिक चरित्र, जन उत्तरदायित्व तथा उद्देश्य, विचार व प्रभाव की व्यापकता के आधार पर एपिलवी अंतर करते हैं।

प्रश्न 33. प्रशासन कार्य करना है या कार्य कराना है। टिप्पणी कीजिए?

उत्तर : प्रशासन पूर्व निर्धारित लक्ष्यों की प्राप्ति के लिए सामूहिक प्रयास करता है। अतः प्रशासन कार्य करना व कार्य कराना दोनों ही है।

लघुत्तरात्मक प्रश्न

प्रश्न 1. वर्तमान समय में लोक प्रशासन का प्रयोग चार अर्थों में किया जाता है। स्पष्ट कीजिए?

उत्तर : 16वीं सदी में प्रबंध के पर्याय प्रशासन का प्रयोग आधुनिक समय में निम्न 4 अर्थों में किया जाता है। जो इस प्रकार हैं-

(1) मंत्रिमंडल के पर्याय के रूप में।

(2) अध्ययन के क्षेत्र में सामाजिक विज्ञान की एक शाखा के रूप में।

(3) लोक नीति व कानूनों को लागू करने वाली क्रिया, जैसे- पुलिस प्रशासन।

(4) प्रशासन एक ऐसी कला है, जिसका संबंध प्रबंध कराने से है।

प्रश्न 2. प्रशासन के प्रमुख लक्षण बताइए।

उत्तर : (1) प्रशासन नीति का पूर्व निर्धारण है।

(2) इसमें एक से अधिक व्यक्ति सहयोगात्मक रूप से दायित्वों को पूरा करते हैं।

(3) मानवीय व भौतिक संसाधनों का नियंत्रण व निर्देशन।

(4) प्रशासन सत्तायुक्त अवधारणा है।

(5) यह विशाल व अनौपचारिक संगठनों में पाया जाता है; परिवार जैसे संगठनों के लिए प्रशासन शब्द प्रयोग में नहीं लाया जाता है।

प्रश्न 3. प्रशासन के प्रबंधात्मक दृष्टिकोण को स्पष्ट कीजिए?

उत्तर : प्रबंधात्मक दृष्टिकोण के प्रमुख समर्थकों में साइमन स्मिथबर्ग व थॉम्पसन हैं। इस दृष्टिकोण की मान्यता है, कि प्रशासन में केवल नियोजन, संगठन नियंत्रण, पर्यवेक्षण इत्यादि गतिविधियाँ ही सम्मिलित होती हैं। इसमें दैनिक व शारीरिक कार्य शामिल नहीं किये जाते हैं। दूसरे शब्दों में प्रशासन अधीनस्थों से काम करवाना है। इस दृष्टिकोण के अनुसार प्रशासन प्रत्येक क्षेत्र में समान होता है।

यह दृष्टिकोण प्रशासन के क्षेत्र तथा सत्ता व उत्तरदायित्व का स्पष्ट निर्धारण करता है, लेकिन यह निरंकुश व अलोकतांत्रिक है जो सहयोगी भूमिका के विपरीत है।

प्रश्न 4. प्रशासन के एकीकृत दृष्टिकोण की विवेचना कीजिए।

उत्तर : एकीकृत दृष्टिकोण की मान्यता है कि प्रशासन उन समस्त गतिविधियों का योग है जो निर्धारित लक्ष्यों व उद्देश्यों की प्राप्ति के लिए की जाती है। साइमन के अनुसार ''सामान्य लक्ष्यों की पूर्ति के लिए सहयोगात्मक क्रियाओं का समूह ही प्रशासन है।'' इस प्रकार तकनीकी वर्ग, लिपिक वर्ग, श्रमिक वर्ग तथा प्रबंधक वर्ग के समस्त कार्य प्रशासन में सम्मिलित हैं। इस दृष्टिकोण को मानने पर प्रशासन का स्वरूप विषय की विशिष्टानुसार होगा।

प्रश्न 5. लोक प्रशासन के पोस्डकोर्व दृष्टिकोण को संक्षिप्त में स्पष्ट कीजिए।

उत्तर : लोक प्रशासन के क्षेत्र को व्यक्त करने वाला यह दृष्टिकोण लूथर गुलिक द्वारा प्रतिपादित है। यह सात शब्दों के प्रथम अक्षरों से निर्मित है, जो इस प्रकार है- POSDCORBA

(1) Planning अर्थात् नियोजन का संबंध गतिविधियों का खाका तैयार करने से है। यह संगठन के लघु उद्देश्यों को व्यापक उद्देश्यों से जोड़ता है।

(2) Organizing अर्थात् संगठित करना अर्थात् मूर्त व अमूर्त संगठनों की संरचना करना, संसाधनों का उचित पदस्थापन करना।

(3) Staffing अर्थात् कर्मचारी प्रबंधन अर्थात् कर्मचारियों की भर्ती, उनकी अभिवृद्धि व विकास करना तथा उनको विभिन्न प्रकार की सुरक्षा देना।

(4) Directing अर्थात् निर्देशन अर्थात् कर्मचारियों को उनके दायित्वों के संदर्भ में निर्देशित करना, मार्गदर्शन देना व नेतृत्व की भूमिका निभाना।

(5) Co-ordinating समन्वय कार्यों के दोहराव को रोकना है और संगठन में एकता स्थापित करता है।

(6) Reporting अर्थात् प्रतिवेदन Feedback का एक साधन है। इससे संगठन द्वारा किये गय कार्यों की जानकारी प्राप्त होती है।

(7) Budgetting अर्थात् बजट का मतलब है-संगठन का आय-व्यय का Account रखना और संगठन पर वित्तीय नियंत्रण सुनिश्चित करना।

प्रश्न 6. प्रशासन व लोक प्रशासन में विभेद के बिन्दु लिखिए।

उत्तर : (1) प्रशासन का परिप्रेक्ष्य व्यापक है जबकि लोक प्रशासन का परिप्रेक्ष्य प्रशासन की अपेक्षा छोटा है, क्योंकि इसका संबंध Public Policies से ही है।

(2) प्रशासन का संबंध कार्यों को सम्पन्न कराने से है जबकि लोक प्रशासन अध्ययन व अनुसंधान का शैक्षणिक विषय के साथ-साथ क्रियात्मक विज्ञान भी है।

(3) प्रशासन सभी संगठनों में व्याप्त होता है। (सार्वलौकिक क्रिया) जबकि लोक प्रशासन का संबंध विशिष्ट रूप से सरकारी गतिविधियों से है।

(4) प्रशासन में सामूहिक प्रयास है, जबकि लोक-प्रशासन सामूहिक प्रयासों से निर्मित तंत्र है।

(5) प्रशासन एक क्रिया के साथ प्रक्रिया भी है, जबकि लोक प्रशासन नीति विज्ञान व प्रक्रिया है।

प्रश्न 7. लोक प्रशासन नीति क्रियान्वपनकारी संस्था है। टिप्पणी कीजिए।

(*अथवा*) लोक प्रशासन एक नीति विज्ञान है। स्पष्ट कीजिए।

उत्तर : सामान्यतया यह माना जाता रहा है कि लोक प्रशासन केवल लोक नीति का क्रियान्वयन तंत्र है। लेकिन परवर्ती अध्ययनों से स्पष्ट है कि लोक प्रशासन न केवल नीति का क्रियान्वयन करता है, बल्कि उसके निर्माण में भी यह प्रमुख भूमिका निभाता है। नीति निर्माण एक जटिल व विशेषज्ञता पूर्ण कार्य है। इसके लिए पर्याप्त समय व समझ आवश्यक है। नीति निर्माण के लिए उत्तरदायी विधायिका व राजनैतिक कार्यपालिका के पास न तो पर्याप्त समय होता है और न ही विशेषज्ञता। इस स्थिति में लोक प्रशासक नीति निर्माताओं को आवश्यक तथ्य, आँकड़े व सूचना उपलब्ध करवाते हैं और आवश्यक विशेषज्ञता भी उपलब्ध करवाते हैं। इस प्रकार नीति निर्माण में लोक प्रशासन की भूमिका सुनिश्चित होती है। अतः लोक प्रशासन एक नीति विज्ञान भी है।

प्रश्न 8. लोक प्रशासन के क्षेत्र को स्पष्ट कीजिए।

उत्तर : व्यापक दृष्टिकोण के अनुसार लोक प्रशासन में वे समस्त कार्य व गतिविधियाँ शामिल हैं, जो लोक नीति को पूरा करते हैं तथा सरकार के तीनों अंग सम्मिलित हैं।

संकुचित दृष्टिकोण का मानना है कि लोक प्रशासन संबंध केवल कार्यपालिका व उसके कार्यों से है। पोस्डकोर्ब दृष्टिकोण : Planning, Organizing, Staffing, Directing, Co-ordinating, Reporting & Budgetting को ही लोक प्रशासन का क्षेत्र मानता है।

लोक कल्याणकारी दृष्टिकोण के अनुसार लोक प्रशासन का क्षेत्र जनहितार्थ सम्पन्न किये जाने वाले कार्यों तक विस्तृत है।

प्रश्न 9. लोकतंत्रात्मक प्रशासन की प्रमुख विशेषताएँ बताइए।

उत्तर : लोकतंत्रात्मक प्रशासन का प्रतिपादक विन्सेन्ट ऑस्ट्रॉम को माना जाता है। इसकी प्रमुख विशेषताएँ इस प्रकार हैं-

(1) यह प्रशासन कानून के शासन से संचालित होता है।

(2) इसमें सत्ता के केन्द्रीयकरण के स्थान पर अधिकाधिक विकेन्द्रीकरण पाया जाता है। तथा निर्णयन प्रक्रिया में लाभार्थियों की प्रत्यक्ष या अप्रत्यक्ष भागीदारी होती है।

(3) लोकतांत्रिक प्रशासन कठोर न होकर लचीला होता है। यह स्वतंत्रता, समानता व न्याय का समर्थन करता है।

(4) यह इस मान्यता पर आधारित है कि प्रशासन/प्रशासक जनता के लिए है, न कि जनता प्रशासन के लिए।

(5) यह नव लोक प्रशासन के 4 Values (प्रासंगिकता, समता, मूल्य व परिवर्तन) का समर्थन करता है।

प्रश्न 10. लोक प्रशासन व निजी प्रशासन में भेद कीजिए।

उत्तर : (1) लोक प्रशासन शासन का कार्यकारी अंग है, अत: इसका कार्यक्षेत्र व प्रभाव व्यापक होता है। जबकि निजी प्रशासन का कार्यक्षेत्र व प्रभाव सीमित होता है।

(2) लोक प्रशासन अन्तिम रूप से अपने कार्यों के लिए जनता के प्रति उत्तरदायित्व होता है, जबकि निजी प्रशासन में ऐसा होना आवश्यक नहीं होता।

(3) लोक प्रशासन राजनीतिक वातावरण के नजदीक होता है, जबकि निजी प्रशासन अराजनीतिक होता है।

(4) लोक प्रशासन पर संविधान, विधायिका, कार्यपालिका, न्यायपालिका द्वारा नियंत्रण रखा जाता है, जबकि निजी प्रशासन पर इस प्रकार का नियंत्रण नहीं होता।

(5) लोक प्रशासन का उद्देश्य जनहित करना है, जबकि निजी प्रशासन का उद्देश्य अधिकाधिक लाभ अर्जन करना है।

प्रश्न 11. लोक प्रशासन व निजी प्रशासन में प्रमुख समानताएँ बताइए।

उत्तर : (1) दोनों प्रशासनों में कार्य की समान तकनीकें पायी जाती हैं, जैसे-फाइलों का रख-रखाव, आँकड़े उपलब्ध करना, आदेश प्रतिरूप, रिपोर्ट तैयार करना इत्यादि।

(2) दोनों किस्म के प्रशासन में अनुसंधान व शोध कार्य संचालित रहता है।

(3) दोनों में ही भर्ती, प्रशिक्षण, अभिप्रेरणा, व आचार संहिता आवश्यक है।

(4) दोनों ही प्रशासनों में कार्यरत अधिकारियों का उत्तरदायित्व होता है, कि संगठन के संसाधनों का अनुकूलतम उपयोग करें।

(5) दोनों प्रजातियों के प्रशासन में जनसंपर्क के महत्व को स्वीकार किया जाता है। जनसंपर्क द्वारा ये अपनी सेवा की उपलब्धता व सेवा के प्रति जनसामान्य की प्रतिक्रिया को सुनिश्चित करते हैं।

प्रश्न 12. लोक प्रशासन कला है अथवा विज्ञान, स्पष्ट कीजिए।

उत्तर : लोक प्रशासन कला व विज्ञान दोनों ही हैं। यह विज्ञान इसलिए है क्योंकि अध्ययन की वैज्ञानिक विधियों का इसमें प्रयोग किया जाता है। लोक प्रशासन में सीमित भविष्यवाणी संभव है। इसमें वैज्ञानिक व समीक्षात्मक तकनीकों- पर्ट व सी.पी.एम का प्रयोग हो रहा है।

लोक प्रशासन कला भी है क्योंकि कला की भाँति प्रशासन में अभ्यास की आवश्यकता होती है। इसमें सृजनशीलता का गुण पाया जाता है। कला की तरह यह भी परिवर्तनशील है और इसकी विकास प्रक्रिया सतत रूप से जारी है।

प्रश्न 13. क्या लोक प्रशासन एक विज्ञान है?

उत्तर : लोक प्रशासन सामाजिक विज्ञानों की श्रेणी का एक विज्ञान है, इसके कारण निम्नलिखित हैं-

(1) इसमें वैज्ञानिक अध्ययन की विधियों व तकनीकों का प्रयोग किया जाता है।

(2) इसमें विकसित सिद्धांतों व नियमों के आधार पर भविष्यवाणी करना संभव हुआ है।

(3) इसमें तथ्यों की वैज्ञानिक विशुद्धता को एक सीमा तक मापन करना संभव है।

(4) इसमें ज्ञान व अनुसंधान के बीच निर्भरता पायी जाती है।

प्रश्न 14. विकासशील देशों के लोक प्रशासन की प्रमुख समस्याओं को बताइए।

उत्तर : (1) विकासशील देशों में समुचित प्रशासनिक संरचना का विकास नहीं हो पाया है।

(2) विकासशील देशों में प्रबंधपटुता की कमी है।

(3) इन देशों में प्रशासकीय नेतृत्व अविकसित श्रेणी का है।

(4) इन देशों के प्रशासकों में बकमास्टरशिप पायी जाती है, जो प्रशासन की जीवंतता को समाप्त करती है।

(5) यहाँ प्रशासकीय नैतिकता का अभाव पाया जाता है।

प्रश्न 15. विकासशील देशों में लोक प्रशासन की भूमिका की विवेचना कीजिए।

उत्तर : (1) देश में कानून व व्यवस्था की सुरक्षा करना।

(2) लोकनीतियों, कार्यक्रमों व योजनाओं की क्रियान्विति करना और जनहित सुनिश्चित करना।

(3) बदलते परिवेश के साथ तारतम्य रखते हुए सामाजिक परिवर्तन सुनिश्चित करना।

(4) प्रत्यायोजित कानून निर्माण करना।

(5) आर्थिक नीतियों व कार्यक्रमों को लागू करना और आर्थिक परिवर्तन का देश में वातावरण स्थापित करना।

प्रश्न 16. विकसित देशों के प्रशासन की प्रमुख विशेषताएँ बताइए।

उत्तर : (1) विकसित देशों में प्रशासनिक संरचना स्पष्ट व विकसित होती है।

(2) यहाँ का प्रशासन प्रशासकीय नैतिकता से सुदृढ़ व जनता के प्रति उत्तरदायी होता है।

(3) यहाँ राजनीतिक व प्रशासक के बीच तटस्थता होती है।

(4) प्रशासन पर राजनीतिक संस्थाओं द्वारा प्रभावी नीति नियंत्रण रखा जाता है।

(5) यहाँ प्रशासन द्वारा सेवा उपलब्ध करवाते हुए विभेदीकरण नहीं अपनाया जाता है।

निबंधात्मक प्रश्न

प्रश्न 1. लोक प्रशासन के अर्थ को स्पष्ट करते हुए इसके महत्व व भूमिका की विवेचना कीजिए?

उत्तर : लोक प्रशासन का अंग्रेजी पर्याय 'Administration' जो लेटिन भाषा के Ad + Ministrere से मिलकर बना है; जिसका शाब्दिक अर्थ है- सेवा कार्य करना या देखभाल करना।

वुडरो विल्सन के अनुसार, ''लोक प्रशासन विधि को क्रमबद्ध व व्यवस्थित रूप से लागू करना है।''

सामान्य शब्दों में लोक प्रशासन लोकनीतियों व कानूनों को क्रियान्वित करने वाला एक तंत्र है। यह विधि के शासन को आधार बनाकर जनहित को सुनिश्चित करता है।

प्रशासन सुधार आंदोलन, राज्य व सरकार के कार्यक्षेत्र में वृद्धि व जटिलता, विज्ञान व तकनीकी विकास, बढ़ते औद्योगीकरण के वातावरण में लोक प्रशासन का महत्व बढ़ रहा है। लोक प्रशासन के महत्व व भूमिका के बिन्दु इस प्रकार हैं:-

(1) लोक प्रशासन समाज में कानून-व्यवस्था को बनाये रखता है और समाज को स्थिरता देता है।

(2) यह राजनीतिक व्यवस्था का अनुरक्षण करता है।

(3) यह सामाजिक व आर्थिक परिवर्तनों का वाहक है।

(4) यह समाज के कमजोर वर्गों की सुरक्षा के दायित्व का निर्वाह करता है।

(5) सरकारी योजनाओं के लाभार्थी कौन होंगे और इसका मापदण्ड क्या होगा; इसे तय करना लोक प्रशासन का दायित्व है।

(6) लोक प्रशासन नीतियों व कानूनों को लागू करने के साथ-साथ नीतियों व कानूनों को निर्माण के लिए आवश्यक तथ्य, आँकड़े व ज्ञान उपलब्ध करवाता है।

(7) विधायिका के बढ़ते दायित्व व समय की कमी के संदर्भ में आवश्यक प्रत्यायोजित कानून निर्माण का कार्य भी करता है।

प्रश्न 2. लोक प्रशासन की प्रकृति पर एक लेख लिखिए।

उत्तर : किसी विषय की प्रकृति में दो बातें आती हैं। यह विज्ञान है अथवा कला/लोक प्रशासन अपनी प्रकृति में विज्ञान व कला दोनों ही हैं।

लोक प्रशासन विज्ञान है; इस मत के समर्थकों की मान्यता है कि लोक प्रशासन प्राकृतिक विज्ञान न होकर सामाजिक विज्ञानों की श्रेणी का विज्ञान है क्योंकि-

(1) लोक प्रशासन में अनुभव से विकसित सिद्धांत व नियम हैं, जैस- आदेश की एकता, नियंत्रण का क्षेत्र आदि। इनका प्रयोग लोक प्रशासन दैनिक कार्यों में करता रहा है।

(2) लोक प्रशासन में प्रयुक्त सिद्धांतों व तकनीकों का प्रयोग करके सीमित रूप से भविष्यवाणी करना संभव है। यथा-आदि कार्मिक को संसाधन माना जाए और उस पर निवेश किया जाए तो उत्पादन में वृद्धि संभव है।

(3) लोक प्रशासन में आज वैज्ञानिक तकनीकों-पर्ट व सी.पी.एम आदि का अनुप्रयोग हो रहा है। ये तर्काधारित समीक्षात्मक तकनीकें हैं, जो विज्ञान जैसे विषयों में प्रयुक्त की जाती रही हैं।

लोक प्रशासन एक कला है; इस विचारधारा के समर्थकों का मानना है, कि लोक प्रशासन विज्ञान नहीं कला है क्योंकि-

(1) कला की तरह प्रशासन में अभ्यास की आवश्यकता है। अभ्यास व अनुभव से ही कोई कुशल व अकुशल प्रशासक साबित हुआ है।

(2) जैसे कोई भी कला धीरे-धीरे विकसित होती है, उसी प्रकार प्रशासन की एक विकास प्रक्रिया है।

(3) कला में सृजनशीलता का विशेष गुण पाया जाता है। उसी भाँति प्रशासन सिद्धान्त व व्यवहार के मध्य सामंजस्य स्थापित करता है और सृजनशील बनता है।

(4) जिस प्रकार कला अपने कलाकार के माध्यम से अभिव्यक्ति पाती है। ठीक इसी प्रकार किसी देश का प्रशासन अपने प्रशासकों के माध्यम से अपने स्वरूप, प्रकृति को अभिव्यक्त करता है। जैसे-ब्रिटेन की लोक सेवा श्रेष्ठ मानी जाती है। जबकि भारत का प्रशासन रिश्वतखोरी, अनुत्तरदायी, प्रशासनिक घृष्टता से वैश्विक साहित्य में स्थान पाता है।

उपर्युक्त विवेचन से स्पष्ट है कि लोक प्रशासन की प्रकृति को लेकर दो स्कूल्स हैं। दोनों के ही अपने-अपने तर्क हैं। सारांशतः लोक प्रशासन की प्रकृति कला व विज्ञान दोनों ही हैं। किसी एक पक्ष को छोड़ना इसकी प्रकृति को आधा समझने के तुल्य है।

❑❑

अध्याय-2

एक विषय के रूप में लोक प्रशासन का विकास

अति लघुत्तरात्मक प्रश्न

प्रश्न 1. लोक प्रशासन विषय के जनक कौन थे?

उत्तर : लोक प्रशासन के जनक अमेरिका के पूर्व राष्ट्रपति बुडरो विल्सन थे। 'The Study of Administration' इनका कालजयी लेख था जो 1887 में लिखा गया।

प्रश्न 2. राजनीति-प्रशासन द्वैतवाद से क्या तात्पर्य है?

उत्तर : इसका मतलब है- राजनीति व प्रशासन दोनों पृथक्-प्रथक् हैं। राजनीति लोक इच्छा का प्रतीक है, जबकि प्रशासन लोक इच्छा का क्रियान्वयनकर्त्ता है।

प्रश्न 3. लोक प्रशासन की प्रथम मान्यता प्राप्त पुस्तक व उसके लेखक का नाम बताइए।

उत्तर : पुस्तक- इन्ट्रोडक्शन टू दि स्टडी ऑफ पब्लिक एडमिनिस्ट्रेशन।

लेखक- एल.डी. व्हाइट।

प्रश्न 4. लोक प्रशासन का उद्‌भव कब हुआ?

उत्तर : प्रक्रिया के रूप में सभ्यता के विकास के साथ जबकि अनुशासन शास्त्र के रूप में 1887 में अमेरिका में उद्‌भव हुआ।

प्रश्न 5. लोक प्रशासन विषय के विकास के चरण बताइए।

उत्तर : (1) 1887-1926 (राजनीति प्रशासन द्विभाजन)

(2) 1927-1937 (प्रशासनिक सिद्धांतों का काल)

(3) 1938-1947 (चुनौती का काल)

(4) 1948-1970 (पहचान का संकट)

(5) 1971- नवीन प्रशासन व नवीन लोक प्रबंध परिप्रेक्ष्य।

प्रश्न 6. राजनीति-प्रशासन द्विभाजन के समर्थक विद्वानों के नाम बताइए।

उत्तर : वुडरो विल्सन, फ्रेंक जे. गुडनॉव व एल.डी. व्हाइट।

प्रश्न 7. प्रशासन के सिद्धांतों को लोकोक्ति की संज्ञा किसने दी।

उत्तर : प्रशासन के सिद्धांतों को मुहावरे व लोकोक्ति कहने वाले विचारक साइमन थे।

प्रश्न 8. साइमन की प्रसिद्ध पुस्तक व उसकी विषय-वस्तु बताइए।

उत्तर : पुस्तक- एडमिनिस्ट्रेटिव बिहेवियर-1947। विषय वस्तु- निर्णय प्रक्रिया का विशद् विश्लेषण।

प्रश्न 9. भारत में लोक प्रशासन के प्रथम आचार्य कौन थे?

उत्तर : डॉ. महादेव प्रसाद शर्मा भारत में नियुक्त होने वाले प्रथम आचार्य थे।

प्रश्न 10. प्रशासनिक अध्ययन के कारण बताइए। (कोई दो)

उत्तर : (1) समाज के बदलते स्वरूप से उत्पन्न समस्याएँ व जटिलता।

(2) पुलिस राज्य के स्थान पर लोक कल्याणकारी राज्य का उद्भव।

प्रश्न 11. लोक प्रशासन की 'पहचान का संकट' क्या था?

उत्तर : लोक प्रशासन के विकास की 1948-1970 की समयावधि पहचान का संकट मानी जाती है, क्योंकि इस कालावधि में प्रशासन के विकसित सिद्धांतों व नीति-प्रशासन के द्विभाजन को अस्वीकार कर दिया गया।

लघुत्तरात्मक प्रश्न

प्रश्न 1. लोक प्रशासन के अनुशासन के रूप में विकास के विभिन्न चरण स्पष्ट कीजिए?

उत्तर : लोक प्रशासन के विकास के 5 चरण माने जाते हैं-

(1) प्रथम चरण (1887-1926) में यह माना कि प्रशासन राजनीति से पृथक् व स्वतंत्र अनुशासन है।

(2) द्वितीय चरण (1927-1937) में प्रशासन के कुछ सिद्धातों के विकसित करने की अपेक्षा की गई थी (सिद्धांतों का स्वर्णकाल)।

(3) तृतीय चरण (1938-1946) में विकसित किये प्रशासनिक सिद्धांतों को चुनौती दी गई।

(4) चतुर्थ चरण (1947-1970) में अंतः अनुशासनात्मक अध्ययन पर बल दिया गया।

(5) पंचम् चरण (1970 से वर्तमान) में नवीन लोक प्रशासन व नवीन लोक प्रबंध का लोक प्रशासन में आगमन हुआ।

प्रश्न 2. लोक प्रशासन में पहचान का संकट क्या था?

उत्तर : लोक प्रशासन के विकास के चतुर्थ चरण (1947-1970) को पहचान का संकट माना जाता है। इस अवधि में राजनीति प्रशासन द्वैतभाव एवं प्रशासन के सार्वभौमिक सिद्धांतों के अस्तित्व की अवधारणा की अस्वीकृति से यह संकट उत्पन्न हुआ।

इस संकट में लोक प्रशासन के चिंतकों में दो प्रकार की प्रतिक्रिया हुई- कुछ का झुकाव राजनीति विज्ञान की ओर तथा कुछ का झुकाव प्रशासनिक विज्ञान की ओर हुआ। राबर्ट डहल जैसे चिंतकों ने यह प्रश्न उठाया कि लोक प्रशासन विज्ञान नहीं है। लोक प्रशासन का स्वरूप संदेह का विषय बन गया।

प्रश्न 3. लोक प्रशासन के विकास की प्रक्रिया में 1971 के बाद कौन-सी प्रवृत्तियाँ उभरी?

उत्तर : (1) प्रशासन को संगठन के अंदर व बाहर के लोगों के बीच होने वाली अंतः क्रिया के रूप में देखा गया।

(2) इस चरण में तुलनात्मक अध्ययन पर जोर दिया गया।

(3) निर्णयन प्रक्रिया में विभिन्न घटकों का विश्लेषण करने के लिए कंप्यूटर की उपयोगिता को स्वीकार किया गया।

(4) अंतः अनुशासनात्मक अध्ययन पद्धति को स्वीकार किया गया।

(5) अनेक स्तरों पर नीति-प्रशासन की व्याप्ति को मान्यता मिली।

निबंधात्मक प्रश्न

प्रश्न 4. लोक प्रशासन विषय की विकास यात्रा पर लेख लिखिए।

उत्तर : लोक प्रशासन नवीन विषय है जिसका उद्भव 1887 में वुडरो विलसन की कालजयी कृति 'The Study ofAdministration' से होता है। इसके विकास के 5 चरण माने जाते हैं; जो इस प्रकार है-

(1) प्रथम चरण (1887-1926) में लोक प्रशासन का उद्भव व राजनीति-प्रशासन द्वैतवाद रहता है। इस चरण के प्रमुख विद्वानों में वुडरो विल्सन, फ्रेंक बुडनाऊ व एल.डी. व्हाइट थे। इन विचारकों की मान्यता सही है कि प्रशासन राजनीति से अलग है। राजनीति नीति निर्माण से जुड़ा है और प्रशासन नीति का क्रियान्वयन करता है।

(2) द्वितीय चरण (1927-1937) में प्रशासन जब राजनीति से पृथक स्वरूप में आया तो सिद्धांत विकसित होने लगे। इसलिए इस युग को सिद्धांतों का काल कहा गया। इस चरण के प्रमुख विचारकों में गुलिक, उर्विक, विलोषी, मूने-रैले इत्यादि थे।

(3) तृतीय चरण (1938-1947) में अब तक विकसित किये गये सिद्धांतों को साइमन जैसे चिंतकों ने मुहावरे व लोकोक्ति कहा। इस प्रकार प्रशासन के सिद्धांतों की चुनौती का यह चरण काफी विवादित रहा। इस चरण में साइमन, चेस्टर बर्नार्ड का वर्चस्व था।

(4) चतुर्थ चरण (1947-1970) में राजनीति-प्रशासन द्वैतवाद व प्रशासन के सिद्धांतों को अस्वीकार कर दिया गया। इस अवधि में लोक प्रशासन के सिद्धांतों में दो प्रकार की प्रतिक्रिया हुई- कुछ का झुकाव राजनीति विज्ञान की ओर तथा कुछ का झुकाव प्रशासनिक विज्ञान की ओर हुआ। यह प्रश्न उठने लगा कि प्रशासन विज्ञान नहीं है। लोक प्रशासन का स्वरूप संदेह का विषय बन गया।

(5) पंचम चरण (1971-) में लोक प्रशासन अंतः अनुशासनात्मक स्वरूप में आया। इस काल में तुलनात्मक लोक प्रशासन, विकास प्रशासन का उद्भव हुआ। इसके पारिस्थितिकीय दृष्टिकोण को स्वीकार किया। आज लोक प्रशासन में पाश्चात्य देशों के साथ-साथ विकासशील देशों का भी अध्ययन किया जाता है।

निष्कर्षतः लोक प्रशासन राजनीति विज्ञान से निकला है और इस पर राजनीति विज्ञान का वर्चस्व था। लेकिन आज यह अपना स्वतंत्र विस्तार कर रहा है और प्रतिष्ठित अनुशासन शास्त्र बन रहा है।

प्रश्न 5. भारत में लोक प्रशासन अनुशासन के विकास को संक्षिप्त में स्पष्ट कीजिए।

उत्तर : शैक्षणिक विषय के रूप में भारत में लोक प्रशासन स्वतंत्रता के बाद शुरू हुआ। लखनऊ विश्वविद्यालय पहला विश्वविद्यालय था जिसने लोक प्रशासन को एक विषय के

रूप में पढ़ाना शुरू किया। 1937 में मद्रास विश्वविद्यालय में लोक प्रशासन डिप्लोमा कोर्स शुरू हुआ।

1938 में स्व. बेनी प्रसाद के नेतृत्व में इलाहाबाद विश्वविद्यालय में स्थानीय प्रशासन में डिप्लोमा कोर्स आरंभ हुआ। इसका क्रियान्वयन भार स्व. महादेव प्रसाद शर्मा (लोक प्रशासन के प्रथम आचार्य) पर था। इसके बाद विभिन्न विश्वविद्यालयों व महाविद्यालयों में यह विषय अध्ययन का दर्जा पाता रहा। 1954 में इण्डियन इंस्टीट्यूट ऑफ पब्लिक एडमिनिस्ट्रेशन व 1947 में एडमिनिस्ट्रेशन स्टाफ कॉलेज स्थापित हुए। संघ लोक सेवा आयोग द्वारा सिविल सेवा परीक्षा में 1987 में इस विषय को वैकल्पिक विषय की मान्यता दी गई।

❑❑

अध्याय-3

नवीन लोक प्रशासन

अति लघुत्तरात्मक प्रश्न

प्रश्न 1. नव लोक प्रशासन से क्या तात्पर्य है?

उत्तर : 1960 के दशक में अमेरिका में लोक प्रशासन में उभरा नवयुवक विद्धानों का आंदोलन है। यह चार लक्ष्यों को स्वीकार करता है- प्रासंगिकता, मूल्य, सामाजिक समता व परिवर्तन।

प्रश्न 2. पुरातन लोक प्रशासन व नवीन लोक प्रशासन में अंतर कीजिए।

उत्तर : पुरातन लोक प्रशासन मूल्य शून्यता, तटस्थता व कार्यकुशलता व दक्षता का समर्थन करता है, जबकि नवीन लोक प्रशासन नैतिकता, जवाबदेयिता, सामाजिक प्रतिबद्धता का समर्थक है।

प्रश्न 3. नवीन लोक प्रशासन के उदय के दो कारण बताइए।

उत्तर : (1) पुरातन लोक प्रशासन की असफलता।

(2) अमेरिकी गृहयुद्ध, सामाजिक विभेद व वियतनाम युद्ध।

प्रश्न 4. नवीन लोक प्रशासन को मान्यता कब मिली?

उत्तर : ''नवीन लोक प्रशासन की दिशाएँ- मिन्नोब्रुक परिप्रेक्ष्य-1971 (लेखक' फ्रेंक मेरीनी) के प्रशासन से नवीन लोक प्रशासन को मान्यता मिली''।

प्रश्न 5. नवीन लोक प्रशासन का नारा क्या था?

उत्तर : ''नैतिकता, प्रतिबद्धता व सामाजिक उपयोगिता'' नवीन लोक प्रशासन का नारा था।

प्रश्न 6. नवीन लोक प्रशासन पर अतिक्रमण संबंधी आक्षेप क्या है?

उत्तर : आलोचकों का आरोप है कि इसने राजनीतिक संस्थाओं व नेतृत्व से सम्बंधित विषय वस्तु पर अधिकार कर अतिक्रमण कर लिया है।

प्रश्न 7. हनी प्रतिवेदन क्या है?

उत्तर : ''अमेरिका के विश्व विद्यालयों में लोक प्रशासन विषय के स्वतंत्र अध्ययन'' की संभावनाओं का परीक्षण हेतु प्रो. हनी की अध्यक्षता में 1967 में गठित दल की रिपोर्ट हनी प्रतिवेदन है।

प्रश्न 8. हनी प्रतिवेदन की दो प्रमुख बातें बताइए।

उत्तर : (1) लोक सेवा संबंधी राष्ट्रीय आयोग की स्थापना की जाए।

(2) लोक प्रशासन विषय में स्नातकोत्तर उपाधि वाले छात्रों को छात्रवृत्ति की व्यवस्था की जाए।

प्रश्न 9. फिलाडेल्फिया सम्मेलन क्या है?

उत्तर : लोक प्रशासन के सिद्धांत व व्यवहार संबंधी सम्मेलन (1967) फिलाडेल्फिया सम्मेलन है। यह सम्मेलन जे.सी. चाल्सवर्थ की अध्यक्षता में आयोजित हुआ।

प्रश्न 10. मिन्नोब्रुक सम्मेलन कब आयोजित हुआ?

उत्तर : लोक प्रशासन विषय के विद्धानों के अब तक तीन मिन्नोब्रुक सम्मेलन आयोजित हुए हैं- 1968, 1988 व 2008।

प्रश्न 11. प्रथम मिन्नोब्रुक सम्मेलन किसकी अध्यक्षता में सम्पन्न हुआ?

उत्तर : प्रथम मिन्नोब्रुक सम्मेलन (1968) व्हाइट वालों की अध्यक्षता में सम्पन्न हुआ। इस सम्मेलन में ही नवीन लोक प्रशासन का जन्म हुआ।

प्रश्न 12. द्वितीय मिन्नोब्रुक सम्मेलन किसकी अध्यक्षता में सम्पन्न हुआ?

उत्तर : यह सम्मेलन 1988 में जार्ज फ्रेडरिक्सन की अध्यक्षता में सम्पन्न हुआ। इसमें निजीकरण सामाजिक क्षमता निर्माण व सरकार के आकार में कटौती की संकल्पना उभर कर आयी।

प्रश्न 13. तृतीय मिन्नोब्रुक सम्मेलन कब आयोजित हुआ?

उत्तर : यह सम्मेलन 2008 में रोजमेरी 'ओ' लिटार के नेतृत्व में आयोजित हुआ। इसका विषय था- "लोक प्रशासन, लोक प्रबंधन व लोक सेवा का समकालीन विश्व में भविष्य।"

प्रश्न 14. नवीन लोक प्रशासन की दो विशेषताएँ बताइए।

उत्तर : (1) लोक प्रशासन में ग्राहकोन्मुखता।

(2) लचीला प्रशासनिक ढाँचा।

प्रश्न 15. नवीन लोक प्रशासन के लक्ष्य लिखिए।

उत्तर : 1. प्रासंगिकता, 2. मूल्य, 3. सामाजिक समता व 4. परिवर्तन।

लघुत्तरात्मक प्रश्न

प्रश्न 1. नवीन लोक प्रशासन के लक्ष्यों को संक्षेप में स्पष्ट कीजिए।

उत्तर : नवीन लोक प्रशासन 4 लक्ष्य स्वीकार करता है-

(1) प्रासंगिकता- अर्थात् नवीन लोक प्रशासन उन समस्याओं व मुद्दों से अछूता नहीं रह सकता जिनका समाज को सामना करना पड़ता है।

(2) मूल्य अर्थात् नवीन लोक प्रशासन आदर्शात्मक है। अत: इस विषय के मूल्योन्मुखता को केन्द्रीय महत्व देना चाहिए।

(3) सामाजिक क्षमता अर्थात् लोक प्रशासन समाज के वंचित व उपेक्षित वर्ग के कष्टों के निवारण हेतु उपर्युक्त कदम उठाएं।

(4) परिवर्तन अर्थात् लोक सेवक परिवर्तन के सक्रिय एजेंट के रूप में कार्य करें। परिवर्तित वातावरण के अनुरूप काइजन मॉडल वाले संगठन का विकास करें।

प्रश्न 2. नवीन लोक प्रशासन के उदय में किन-किन घटनाओं का योगदान रहा है? नाम लिखिए।

उत्तर : (1) सार्वजनिक सेवाओं संबंधी उच्च शिक्षा पर हनी प्रतिवेदन-1967।

(2) लोक प्रशासन के सिद्धांत एवं व्यवहार संबंधी सम्मेलन-1967।

(3) प्रथम मिन्नोब्रुक सम्मेलन-1968।

(4) फ्रेंक मेरीनी द्वारा संपादित नवीन लोक प्रशासन की दिशाएँ-मिन्नोब्रुक परिपेक्ष्य-1971।

(5) वाल्डो की कृति 'उथल-पुथल के काल में लोक प्रशासन-1971'।

प्रश्न 3. हनी प्रतिवेदन के प्रमुख सुझाव दीजिए।

उत्तर : (1) लोक सेवा संबंधी राष्ट्रीय आयोग की स्थापना की जानी चाहिए।

(2) लोक प्रशासन में स्नातकोत्तर छात्रों को छात्रवृत्ति की व्यवस्था की जाये।

(3) लोक प्रशासन के शिक्षकों के लिए छात्रवृत्ति योजना हो।

(4) सरकार द्वारा सार्वजनिक मामलों के शिक्षण कार्य व शोध में संलग्न विश्वविद्यालयों को अनुदान देना चाहिए।

(5) नवीन परामर्शशात्री सेवा व सूचना की व्यवस्था की जानी चाहिए।

प्रश्न 4. फिलाडेल्फिया सम्मेलन की प्रमुख बातें बताइए।

उत्तर : इस सम्मेलन में निम्न निष्कर्षों पर सहमति बनी-

(1) लोक प्रशासन के क्षेत्र को स्पष्ट करना।

(2) राजनीति व प्रशासन का विभाजन गलत है।

(3) लोक प्रशासन राजनीति विज्ञान विषय के पृथक् है।

(4) प्रशासकों को व्यावसायिक प्रशिक्षण दिया जाए।

(5) प्रशासनिक आचार पर बल दिया जाए।

प्रश्न 5. प्रथम मिन्नोब्रुक सम्मेलन व द्वितीय मिन्नोब्रुक सम्मेलन में अंतर दीजिए-

उत्तर :

प्रथम मिन्नोब्रुक सम्मेलन	द्वितीय मिन्नोब्रुक सम्मेलन
1. केवल एक महिला ने भाग लिया।	1. इसमें 14 महिलाएँ भागीदार थी।
2. सभी भागीदार 30-35 वर्ष आयु वर्ग के थे।	2. सभी भागीदार 50-55 वर्ष आयु वर्ग के थे।
3. सभी भागीदार राजनीति विज्ञान विषय से थे।	3. इसमें विषय विविधता थी।
4. यह सम्मेलन विवादपूर्ण व क्रांतिकारी था।	4. यह प्रथम सम्मेलन की अपेक्षा ज्यादा शिष्ट व व्यवहारिक था।
5. इनमें प्रासंगिकता, मूल्य सामाजिक समता व परिवर्तन पर बल था।	5. इसमें निजीकरण, सरकार के आकार में कटौती व सामाजिक क्षमता निर्माण पर जोर दिया गया।

प्रश्न 6. नवीन लोक प्रशासन की विशेषताएँ बताइए।

उत्तर : (1) प्रशासनिक संगठन एक स्पष्ट मानदण्ड विकसित करें। जिससे उनके कार्यों व नीतियों को बदलते वातावरण में मूल्यांकित किया जा सके।

(2) प्रशासन में जनभागीदारी को बढ़ावा दिया जाए।

(3) प्रशासन की कठोर व पुरातन संरचना के स्थान पर गत्यात्मक संरचना विकसित की जाए।

(4) सरकार के आकार को बढ़ावा दिया जाए।

(5) प्रशासनिक व्यवस्था में अधिकाधिक विकेन्द्रीकरण लाया जाए।

प्रश्न 7. नवीन लोक प्रशासन के महत्व को संक्षिप्त में स्पष्ट कीजिए।

उत्तर : (1) इसने लोक प्रशासन की विषय-वस्तु को व्यापक बना दिया है।

(2) लोक प्रशासन का समाज से प्रत्यक्ष संबंध स्थापित हुआ है।

(3) आम लोक प्रशासन नौकरशाही से मिलकर पेशेवर स्वरूप को प्राप्त कर रहा है।

(4) लोक प्रशासन में नवीन प्रकार के संगठनों का प्रादुर्भाव हो रहा है।

(5) आम लोक प्रशासन आदर्शात्मक होता जा रहा है, क्योंकि यह सामाजिक क्षमता की प्रति उन्मुखी व विकेन्द्रीयकरण पर बल दे रहा है।

प्रश्न 8. प्रथम मिन्नोब्रुक सम्मेलन का महत्व बताइए।

उत्तर : यह सम्मेलन 1968 में यू.एस.ए. में आयोजित हुआ। इसकी समन्वयक प्रो. वाल्डो द्वारा की गई। इसमें इस बात पर बल दिया गया कि बदलते समाज में लोक प्रशासन की भूमिका क्या हो? सम्मेलन के समापन पर चार मूल्य (लक्ष्य) स्वीकार के समापन पर चार मूल्य, सामाजिक समता व परिवर्तन।

इस सम्मेलन द्वारा लोक प्रशासन को नवीन छवि दी गई व समाज की समस्याओं के प्रति इसे जागरूक किया गया। लोक प्रशासन साहित्य में इस सम्मेलन को सुधारवादी प्रवृत्ति की संज्ञा दी जाती है।

प्रश्न 9. द्वितीय मिन्नोब्रुक सम्मेलन पर संक्षिप्त नोट लिखिए।

उत्तर : द्वितीय मिन्नोब्रुक सम्मेलन 1988 में आयोजित हुआ था। इस सम्मेलन का उद्देश्य प्रमुख सम्मेलन के बाद लोक प्रशासन में हुए सुधारों व प्रथम सम्मेलन की उपलब्धियों को जानना था। इस सम्मेलन में नेतृत्व, संवैधानिक व विधिक परिप्रेक्ष्य, प्रौद्योगिकी, नीति व आर्थिक, सरकार के आकार में कटौती, निजीकरण, सामाजिक क्षमता निर्माण, रॉल बैंक स्टेट पर जोर दिया गया।

प्रश्न 10. तृतीय मिन्नोब्रुक सम्मेलन कहाँ हुआ?

उत्तर : यह सम्मेलन 2008 में प्रो. रोजमेरी ओलियर के नेतृत्व में आयोजित हुआ। इस सम्मेलन का विषय था- लोक प्रशासन, लोक प्रबंधन व लोक सेवा का समकालीन विश्व में भविष्य इस सम्मेलन में लगभग 200 विद्वानों ने भाग लिया।

इस सम्मेलन में इस बात पर सहमति बनी कि प्रशासन में विभिन्न संस्कृतियों के प्रशासनों का तुलनात्मक अध्ययन किया जाए। प्रशासन में सृजनशीलता को बढ़ावा दिया जाए। लोक प्रशासन मूल्योन्मुखता का समावेश किया जाए।

निबंधात्मक प्रश्न

प्रश्न 1. नवीन लोक प्रशासन की विशेषता व लक्ष्य बतलाते हुए आलोचनात्मक विवेचन कीजिए।

उत्तर : 1968 के बाद अमेरिका में लोक प्रशासन के युवा विद्वानों का आंदोलन ही नवीन लोक प्रशासन कहलाता है। इस आंदोलन को नवीन लोक प्रशासन की दिशाएँ- मिन्नोब्रुक परिप्रेक्ष्य (1971) से मान्यता मिली।

नवीन लोक प्रशासन की विशेषताएँ इस प्रकार हैं-

(1) प्रशासनिक संगठन एक स्पष्ट मानदण्ड विकसित करें जिससे उनके कार्यों व नीतियों को बदलते वातावरण में पाया जा सके।

(2) प्रशासन में जनभागीदारी को बढ़ावा दिया जाए।

(3) प्रशासन की कठोर व पुरातन संरचना के स्थान पर गत्यात्मक संरचना विकसित की जाए।

(4) सरकार के आकार में कटौती, आधुनिक तकनीकों का प्रयोग व विकेन्द्रीकरण इत्यादि।

नवीन लोक प्रशासन की आलेचनाएँ-

(1) इसने राजनीतिक संस्थाओं व नेतृत्व संबंधी विषय वस्तु पर अधिकार कर लिया है। अतः यह अराजकतावादी है।

(2) इसके लक्ष्य प्राप्ति के लिए कौशल व प्रविधि का अभाव है।

(3) यह व्यावहारिक सिद्धांत की खोज नहीं कर सका।

उपर्युक्त आलोचनाओं के बावजूद नवीन लोक प्रशासन में लोक प्रशासन को नवीन दिशा दी है। इसने लोक प्रशासन की विषय-वस्तु को व्यापक बनाया है।

❑❑

अध्याय-4

लोक प्रशासन के सिद्धांत

अति लघुत्तरात्मक प्रश्न

प्रश्न 1. लोक प्रशासन के प्रमुख सिद्धांतों के नाम बताइए।

उत्तर : 1. शास्त्रीय सिद्धांत, 2. वैज्ञानिक प्रबंध सिद्धांत, 3. नौकरशाही सिद्धांत, 4. मानव संबंध सिद्धांत, 5. व्यवस्थावादी सिद्धांत, 6. व्यवहारवादी सिद्धांत इत्यादि।

प्रश्न 2. शास्त्रीय उपागम के प्रमुख समर्थक विद्वानों के नाम बताइए।

उत्तर : हेनरी फेयोल, गुलिक, उर्विक, मूने-रैले इत्यादि शास्त्रीय विचारक हैं।

प्रश्न 3. शास्त्रीय सिद्धांत के कोई 4 मूलाधार बताइए।

उत्तर : 1. कार्य का विभाजन, 2. पदसोपान, 3. आदेश की एकता, 4. नियंत्रण का क्षेत्र।

प्रश्न 4. शास्त्रीय सिद्धांत की दो मान्यताएँ बताइए।

उत्तर : 1. संगठन एक बंद व्यवस्था है।

2. मनुष्य एक आर्थिक मनुष्य है।

प्रश्न 5. आर्थिक मनुष्य से क्या तात्पर्य है?

उत्तर : आर्थिक मनुष्य शास्त्रीय सिद्धांत की मान्यता है। इसका अर्थ है कि व्यक्ति को केवल आर्थिक प्रेरणाएँ देकर ही अभिप्रेरित किया जा सकता है।

प्रश्न 6. हेनरी फेयोल का योगदान बताइए।

उत्तर : इन्होंने संगठन के 14 सिद्धांतों की रचना की और प्रबंध की सार्वभौमिकता को स्पष्ट किया। 'जनरल एण्ड एण्डस्ट्रीयल मैनेजमेंट' की रचना की।

प्रश्न 7. फेयोल की औद्योगिक क्रियाओं का वर्गीकरण क्या है?

उत्तर : इन्होंने समस्त औद्योगिक क्रियाओं को 6 भागों में वर्गीकृत किया-

1. तकनीकी, 2. वाणिज्यिक, 3. वित्तीय, 4. सुरक्षा, 5. लेखांकन, 6 प्रबंधकीय।

प्रश्न 8. फेयोल की प्रबंधकीय क्रियाएँ बताइए।

(*अथवा*) फेयोल के प्रशासन अथवा प्रबंध के तत्व बताइए।

(*अथवा*) फेयोल का POCCOC क्या है?

उत्तर : 1. नियोजन (Plan), 2. संगठन (Organisation), 3. आदेश (Command), 4. समन्वय (Co-ordination), 5. नियंत्रण (Control)।

प्रश्न 9. फेयोल के संगठन संबंधी 14 सिद्धांत बताइए।

उत्तर : कार्य विभाजन, सत्ता व उत्तरदायित्व, अनुशासन आदेश की एकता, निर्देश की एकता, सार्वजनिक हितों को महत्व, कर्मचारी पारिश्रमिक, केन्द्रीयकरण, पदसोपान, व्यवस्था, समता, कार्यकाल का स्थायित्व, पहलपन, कॉर्पस दि एस्प्रिट सहयोग की भावना।

प्रश्न 10. आदेश की एकता क्या है?

उत्तर : एक कर्मचारी को केवल एक ही उच्चाधिकारी द्वारा आदेश देना आदेश की एकता है।

प्रश्न 11. निदेश की एकता से क्या तात्पर्य है?

उत्तर : समान उद्देश्यों वाली क्रियाओं के लिए एक ही योजना व एक ही मुख्य अधिकारी होना निदेश की एकता है।

प्रश्न 12. पदसोपान क्या है?

उत्तर : संगठन में उच्च पदों से निम्न पदों तक फैली हुई अधिकारियों की शृंखला पदसोपान है। यह शृंखला दायित्व व अधिकारों से निर्मित होती है।

प्रश्न 13. पदसोपान का लाभ बताइए।

उत्तर : यह सत्ता की शृंखला है। प्रत्यायोजन, समन्वय, संचार व निर्णयन की दृष्टि से यह उपयोगी है।

प्रश्न 14. पदसोपान के दो दोष बताइए।

उत्तर : 1. कार्यों में देरी (लालफीताशाही)।

2. नियमों की कठोरता।

प्रश्न 15. गैंग प्लैंक क्या है?

उत्तर : फेयोल द्वारा प्रतिपादित संकल्पना है। विशिष्ट स्थिति में उच्च अधिकारियों की अनुमति से पदसोपान सिद्धांत को त्याग कर दूसरे विभाग के समकक्ष कर्मचारी से संचार करना।

प्रश्न 16. वैज्ञानिक प्रबंध क्या है?

उत्तर : प्रबंध में वैज्ञानिक तकनीकों व विधियों का प्रयोग ही वैज्ञानिक प्रबंध है। इसके प्रतिपादक फ्रेडरिक टेलर माने जाते हैं।

प्रश्न 17. वैज्ञानिक प्रबंध के उद्देश्य बताइए। (कोई दो)

उत्तर : 1. न्यूनतम लागत पर अधिकतम उत्पादन करना।

2. संगठन में सहयोगी वातावरण बनाना।

प्रश्न 18. वैज्ञानिक प्रबंध का दर्शन बताइए।

उत्तर : 1. विज्ञान न कि अंगूठा नियम, 2. शांति न कि संघर्ष 3. सहयोग न कि व्यक्तिवाद, 4. अधिकतम उत्पादन न कि सीमित, 5. प्रत्येक व्यक्ति का अधिकतम विकास।

प्रश्न 19. वैज्ञानिक प्रबंध का सार मानसिक क्रांति है। यहाँ मानसिक क्रांति का क्या तात्पर्य है?

उत्तर : प्रबंधकों व श्रमिकों की पूर्णधारणाओं व विचारों में सहयोग लाना मानसिक क्रांति है?

प्रश्न 20. वैज्ञानिक प्रबंध की 4 लाक्षणिक विशेषताएँ बताइए।

उत्तर : 1. प्रबंधोन्मुख, 2. कर्मचारी विकास, 3. हितों में एकता तथा 4. क्रियात्मकता।

प्रश्न 21. वैज्ञानिक प्रबंध का सबसे अधिक विरोध किसने और क्यों किया?

उत्तर : वैज्ञानिक प्रबंध का सर्वाधिक विरोध औद्योगिक श्रमिकों ने किया क्योंकि उन्हें यह आशंका थी कि कार्य-क्षमता बढ़ाने के नाम पर श्रमिकों का शोषण होगा और उनको बेरोजगारी का शिकार होना पड़ेगा।

प्रश्न 22. गति अध्ययन से क्या तात्पर्य है?

उत्तर : गति अध्ययन वह विज्ञान है, जिसके द्वारा अनावश्यक, अनिर्देशित व अकुशल गति से होने वाली क्षति को रोका जा सकता है।

प्रश्न 23. प्रेरणात्मक मजदूरी प्रणाली क्या है?

उत्तर : इसका अर्थ है- वेतन का निर्धारण उन सिद्धांतों से करना जिससे श्रमिक को अधिकाधिक कार्य करने की प्रेरणा मिले।

प्रश्न 24. कार्यात्मक फोरमैनशिप से क्या तात्पर्य है?

उत्तर : कार्यात्मक फोरमैनशिप वैज्ञानिक प्रबंध की एक तकनीक है। इसमें इस श्रमिक के 8 विशेषज्ञ अधिकारी होते हैं जो श्रमिक को विशेषज्ञ प्रकृति के आदेश व सुझाव देते हैं।

प्रश्न 25. अपवाद का सिद्धांत बताइए।

उत्तर : इसका अर्थ है- प्रत्येक अधिकारी अपनी अधिकार सीमा में निर्णय ले। केवल विशिष्ट मामले ही प्रबंधकों के सामने प्रस्तुत किये जाएं।

प्रश्न 26. नौकरशाही शब्द का सर्वप्रथम प्रयोग किसने किया और इसे लोकप्रियता किसने दिलाई?

उत्तर : नौकरशाही शब्द का सर्वप्रथम प्रयोग अर्थशास्त्री विन्सेण्ट दी गोर्ने ने किया और इसे लोकप्रियता मैक्स वेवर ने दिलाई।

प्रश्न 27. आदर्श नौकरशाही की कोई दो विशेषताएँ लिखिए।

उत्तर : 1. स्पष्ट श्रम विभाजन।

2. पदसोपानी संरचना।

प्रश्न 28. मैक्स वेवर ने प्रभुत्व के कितने प्रकार बताये?

उत्तर : वेवर प्रभुत्व के तीन प्रकार स्वीकार करते हैं-

1. पारम्परिक प्रभुत्व, 2. करिश्माई प्रभुत्व, 3. वैधानिक प्रभुत्व।

प्रश्न 29. मैक्स वेवर के अनुसार नौकरशाही क्या है?

उत्तर : मैक्स वेवर के अनुसार नौकरशाही सामूहिक कार्यों का 'तार्किकीकरण' है। संगठन में तार्किकीकरण कार्यों का होता है। जिनके लिए योग्यता की आवश्यकता होती है।

प्रश्न 30. नौकरशाही के उदय के कारण बताइए।

उत्तर : मौद्रिक अर्थव्यवस्था, कार्यकुशलता की मांग, संगठन का विस्तृत आकार, नियमबद्ध प्रशासन, नौकरशाही के उदय के कारण हैं।

प्रश्न 31. नौकरशाही के प्रकार बताइए।

उत्तर : एफ.एम. मार्क्स ने चार प्रकार बताये हैं-

1. अभिभावक नौकरशाही, 2. जातीय नौकरशाही, 3. संरक्षक नौकरशाही, 4. योग्यता अधारित नौकरशाही।

प्रश्न 32. मानव सम्बंध विचारधारा क्या है?

उत्तर : मानव की सामाजिक व मानसिक आवश्यकताओं का अध्ययन करके उन्हें संतुष्ट करने पर केन्द्रीय यह विचारधारा एल्टन मेयो द्वारा प्रतिपादित है।

प्रश्न 33. मानव सम्बंध विचारधारा की प्रमुख दो विशेषताएँ बताइए।

उत्तर : 1. इसका केन्द्र बिन्दु मानव है।, 2. मनुष्य एक सामाजिक प्राणी है।

प्रश्न 34. मानव सम्बंध विचारधारा के उदय के कारण बताइए?

उत्तर : पूँजीवाद का प्रसार, तकनीकी प्रगति, टेलरवाद की प्रतिक्रिया, प्रबंधकों व श्रमिकों के हित संघर्ष इत्यादि इसके उदय के कारण रहे हैं।

प्रश्न 35. मानव सम्बंध विचारधारा के प्रवर्तक व उनके सहयोगियों के नाम लिखिए?

उत्तर : प्रतिपादक- एल्टन मेयो।

सहयोगी- रोथलिसबर्जर, व्हाइट हैड, डिक्सन इत्यादि।

प्रश्न 36. हार्थोन प्रयोग क्या है?

उत्तर : मेयो के नेतृत्व में किये गये अध्ययन व प्रयोग (जाँच कक्ष अध्ययन, साक्षात्कार अध्ययन व अवलोकन अध्ययन- 1924-1932) हार्थोन प्रयोग हैं। इससे ही मानव संबंध विचारधारा का विकास हुआ है।

प्रश्न 37. मेयो के हार्थोन प्रयोग के दो निष्कर्ष बताइए।

उत्तर : 1. कर्मचारियों की कार्यक्षमता पर भौतिक कारकों का प्रभाव कम पड़ता है।

2. मनुष्य केवल आर्थिक व्यक्ति नहीं होता अपितु वह एक सामाजिक प्राणी भी है।

प्रश्न 38. रैबल परिकल्पना का क्या अर्थ है?

उत्तर : इसका अर्थ है कि संपूर्ण समाज असंगठित व्यक्तियों का झुण्ड है, जो स्वार्थ से परिचालित होता है।

प्रश्न 39. मान संबंध विचारधारा की उपयोगिता बताइए।

उत्तर : यह प्रबंध व श्रमिकों के संघर्ष को समाप्त करती है। इसको अपनाकर अव्यवस्था, हडताल अनुशासनहीनता को समाप्त किया जा सकता है।

प्रश्न 40. मानव संबंध विचारधारा के प्रमुख तत्व बताइए।

उत्तर : मानव संबंध विचारधारा के तीन प्रमुख तत्व माने जाते हैं-

1. व्यक्ति, 2. अनौपचारिक समूह, 3. सहभागी प्रबंध।

प्रश्न 41. चेस्लर क्या है?

उत्तर : एल्टन मेयो द्वारा प्रतिपादित अवधारणा; इसका अर्थ है- समूह द्वारा निर्धारित लक्ष्य से कार्य करने वाला।

प्रश्न 42. रेट बस्टर से क्या तात्पर्य है?

उत्तर : यह मेयो द्वारा प्रतिपादित अवधारणा है। इसका अर्थ है- समूह द्वारा निर्धारित लक्ष्य से अधिक कार्य करने वाला।

प्रश्न 43. स्कवीलर का अर्थ है–

उत्तर : मेयो द्वारा प्रतिपादित अवधारणा; इसका अर्थ है- अपने साथियों की प्रबंधक से चुगलखोरी करने वाला।

प्रश्न 44. गुलिक के सिद्धांत बताइए।

उत्तर : गुलिक संगठन के 10 सिद्धांत स्वीकार करते हैं- विशिष्टीकरण, विभागीय संगठन के आधार, पदसोपान द्वारा समन्वय, सचेत समन्वय, समितियों द्वारा समन्वय, विकेन्द्रीकरण, आदेश की एकता, स्टाफ व सूत्र, प्रत्यायोजन व नियंत्रण का क्षेत्र।

प्रश्न 45. गुलिक का 4 P's क्या है?

उत्तर : गुलिक विभागीय संगठनों के निर्माण के 4 आधार (Purpose, Process, Person, Place) स्वीकार करते हैं। यही गुलिक का 4 P's सूत्र है।

प्रश्न 46. हार्थोन क्या है?

उत्तर : शिकागो (अमेरिका) में हार्थोन एक स्थान हैं, जहाँ वेस्टर्न इलेक्ट्रिक कंपनी का संयंत्र (हार्थोन प्लांट) हैं। यहाँ मेयो ने 1924-1932 तक प्रयोग किये।

प्रश्न 47. हार्थोन प्रयोग की दो कमियाँ बताइए।

उत्तर : 1. अवैज्ञानिक परीक्षण, 2. श्रम संघों पर कम ध्यान।

प्रश्न 48. व्यवहारवादी उपागम क्या है?

उत्तर : यह उपागम संगठन में कार्यरत व्यक्ति के वास्तविक व्यवहार का अध्ययन करता है। इसके प्रमुख समर्थकों में डेविड ईस्टन (प्रतिपादक), साइमन, राबर्ट डहल इत्यादि हैं।

प्रश्न 49. व्यवहारवादी उपागम की दो विशेषताएँ बताइए।

उत्तर : 1. यह विवरणात्मक व विश्लेषणात्मक है।

2. यह अंतर्विषयी दृष्टिकोण है।

प्रश्न 50. व्यवस्थावादी उपागम की मान्यता बताइए।

उत्तर : इस उपागम की मान्यता है, की संगठन एक व्यवस्था है और इसकी विभिन्न उपव्यवस्थाएँ हैं- तकनीकी, आर्थिक, सामाजिक इत्यादि। इसके प्रतिपादक चेस्टर बरनार्ड हैं।

प्रश्न 51. व्यवस्थावादी उपागम में संगठन के प्रमुख बताइए।

उत्तर : 1. औपचारिक व अनौपचारिक संगठन, 2. तकनीकी व्यवस्था, 3. पृथक् परिवर्तनशील तत्व, 4. बाह्य पर्यावरण।

लघुत्तरात्मक प्रश्न

प्रश्न 1. शास्त्रीय सिद्धांत की प्रमुख मान्यताएँ बताइए।

उत्तर : 1. प्रबंधन प्रबंधकीय अनुभवों का अध्ययन है।

2. नवीन सिद्धांतों का प्रतिपादन प्रबंधकीय अनुभवों के आधार पर किया जा सकता है।

3. प्रबंधकीय सिद्धांत प्रबंधकों को प्रशिक्षण का आधार देते हैं।

4. संगठन एक बंद व्यवस्था है।

5. प्रबंधकीय सिद्धांत सार्वभौमिक सत्य है।

प्रश्न 2. हेनरी फेयोल के प्रबंधकीय तत्व क्या हैं?

उत्तर : हेनरी फेयोल प्रबंध के 5 तत्व स्वीकार करते हैं-

1. **योजना बनाना-** फेयोल अनुसार यह प्रबंध का सर्वाधिक प्रभावी उपकरण है। किसी योजना के 5 लक्षण होते हैं- एकता, निरंतरता, लचीलापन, सुस्पष्टता व संक्षिप्तता।

2. **संगठन निर्माण-** मानव व भौतिक दोनों ही प्रकार के संसाधनों को व्यवस्थित रूप देना।

3. **आदेश देना-** फेयोल अनुसार यह तत्व संगठन के अंदर व्यक्तिगत गुणों व प्रबंधकीय ज्ञान से सम्बंधित है।

4. **समन्वय करना-** संगठन के विभिन्न कार्यों में तालमेल स्थापित कर लक्ष्य प्राप्ति का प्रयास करना।

5. **नियंत्रण करना-** फेयोल नियंत्रण के अंतर्गत अवलोकन, निगरानी जाँच, लेखा परीक्षण व फीडबैक को सम्मिलित करते हैं।

प्रश्न 3. गुलिक का 4 P's सिद्धांत क्या है? स्पष्ट कीजिए।

उत्तर : लूथर गुलिक संगठन निर्माण के 4 आधार (Purpose, Process, Person & Place) स्वीकार करते हैं, जो 4 P's है-

1. Purpose अर्थात् जब किसी संगठन का निर्माण किये जाने वाले कार्यों के आधार पर होता है, तो उसे उद्देश्य आधारित कहा जाता है। जैसे- शिक्षा, सुरक्षा विभाग आदि।

2. Process अर्थात् विशिष्टीकरण की प्रकृति वाले संगठनों का निर्माण। जैसे- विधि मंत्रालय।

3. Person अर्थात् संगठन का गठन विशेष व्यक्ति या समुदाय विशेष के हितों को ध्यान में रखकर करना। जैसे- अनुसूचित जाति/जनजाति विभाग।

4. Place अर्थात् विभागों का संगठन क्षेत्र के आधार पर करना। जैसे-रेलवे के क्षेत्रीय मण्डल।

प्रश्न 4. वैज्ञानिक प्रबंध की विशेषताएँ लिखिए।

उत्तर : 1. वैज्ञानिक प्रबंध में नियोजित व निश्चित योजना बनायी जाती है।

2. इसमें संसाधनों का अधिकतम व अनुकूलतम उपयोग किया जाता है।

3. इसमें श्रमिकों का वैज्ञानिक ढ़ंग से चयन व उनका विकास किया जाता है।

4. इसमें सहयोग व टीम रूप में कार्य किया जाता है। टेलर के अनुसार वैज्ञानिक प्रबंध एक मानसिक क्रांति है।

5. इसमें श्रम विभाजन के साथ-साथ विशिष्टीकरण को महत्व दिया जाता है। उदाहरण- टेलर कार्यात्मक फॉरमैनशिप की बात करते हैं।

6. वैज्ञानिक प्रबंधन का केन्द्र बिन्दु कार्य करने का सर्वोत्तम तरीका ज्ञात करना है।

प्रश्न 5. वैज्ञानिक प्रबंध के उद्देश्य बताइए।

उत्तर : 1. वैज्ञानिक प्रबंध का मूल उद्देश्य लाभ के बंटवारे को लेकर होने वाले झगड़ों का निपटारा करना और अधिकतम उत्पादन करना।

2. श्रमिकों के कार्य की दशाओं में सुधार करना।

3. कार्य निष्पादन में वैज्ञानिक व उन्नत तकनीकें अपनाना।

4. श्रमिकों व प्रबंधकों के मध्य सौहार्द्रपूर्ण सम्बंधों की स्थापना करना (मानसिक क्रांति।

5. श्रमिकों का विकास अर्थात् मानव संसाधन पर निवेश करके संगठनात्मक विकास करना।

प्रश्न 6. फ्रेडरिक टेलर के कार्यात्मक फोरमैनशिप सिद्धांत की विवेचना कीजिए।

उत्तर : टेलर का यह सिद्धांत श्रम विभाजन है। इसके अनुसार प्रत्येक श्रमिक या व्यक्ति को वही कार्य दिया जाता है, जिस कार्य में उसे विशेषज्ञता प्राप्त है। टेलर अपने इस सिद्धांत में एक श्रमिक के 8 बॉस होते हैं। इनमें से 4 (समय व लागत लिपिक, निरीक्षण कार्ड लिपिक, कार्यक्रम लिपिक व अनुशासक) नियोजन दायित्व को पूरा करते हैं जबकि अन्य 4 (टोली नायक, गति नायक, मरम्मत नायक, व निरीक्षक) प्रोडक्शन दायित्व को पूरा करते हैं।

प्रश्न 7. टेलर के वैज्ञानिक प्रबंधन के सिद्धांत बताइए।

उत्तर : टेलर वैज्ञानिक प्रबंधन के 4 सिद्धांत स्वीकार करते हैं-

1. मानव कार्य के प्रत्येक संघटन के लिए विज्ञान विकसित करना।

2. वैज्ञानिक तरीके से मजदूरों का चयन व उनका प्रशिक्षण व विकास करना।

3. कार्य वैज्ञानिक सिद्धांतों के अनुसार हो रहा है, यह सुनिश्चित करने के लिए प्रबंधन मजदूरों का सहयोग लें।

4. प्रबंधन व मजदूरों के बीच कार्यों का समान बटवारा जरूरी है।

प्रश्न 8. हेनरी फेयोल व फ्रेडरिक टेलर की तुलना कीजिए।

उत्तर : फेयोल व टेलर दोनों ही शास्त्रीय विचारक हैं। इनकी तुलना के बिन्दु इस प्रकार हैं-

समस्याएँ-

1. दोनों ही विचारक आर्थिक तत्वों से प्रभावित हैं।

2. दोनों संगठनात्मक उत्पादन में वृद्धि के समर्थक हैं।

3. दोनों ही बंद व्यवस्था प्रारूप के समर्थक हैं।

असमानताएँ-

1. टेलर के विचार अवलोकन व शोध पर आधारित हैं, जबकि फेयोल के विचार अनुभवों पर आधारित हैं।

2. टेलर के अध्ययन का केन्द्रबिन्दु कार्यशाला स्तर था जबकि फेयोल का केन्द्र बिन्दु संगठन का शीर्ष था।

3. टेलर निचले स्तर के कर्मचारियों के प्रशिक्षण के समर्थक हैं, जबकि फेयोल सभी कर्मचारियों को प्रशिक्षण देने का समर्थन करते हैं।

प्रश्न 9. हार्थोन प्रयोग के प्रमुख निष्कर्ष लिखिए।

उत्तर : एल्टन मेयो के नेतृत्व में 1924-1932 तक यह प्रयोग किया गया। इसके निष्कर्ष इस प्रकार हैं-

1. व्यक्ति आर्थिक तत्वों के साथ सामाजिक व मनोवैज्ञानिक कारकों से भी प्रभावित होता है। अत: व्यक्ति आर्थिक मनुष्य मात्र नहीं है।

2. इन प्रयोगों में अनौपचारिक समूह संगठनों के महत्व को स्वीकार किया गया है।

3. इनके अनुसार कर्मचारियों के मनोबल व उत्पादकता में सकारात्मक सम्बंध पाया जाता है।

4. कर्मचारियों की मनोवैज्ञानिक व सामाजिक आवश्यकताओं की पूर्ति करके संगठन को जीवंत रखा जाना संभव है।

5. संगठन में निर्णय शीर्ष केन्द्रित न होकर सहभागी निर्णयन होने चाहिए।

प्रश्न 10. व्यवस्था उपागम की उपयोगिता बताइए।

उत्तर : 1. इस उपागम का प्रयोग ज्ञान की किसी भी शाखा में किया जा सकता है।

2. यह एक पूर्ण उपागम है। इसके द्वारा व्यवहार, निर्णय आदि का विश्लेषण कर सकते हैं।

3. पर्यावरण व व्यवस्था के आपसी व्यवहार को समझने में यह उपागम उपयोगी है।

4. यह पूर्वाग्रहों से मुक्त है क्योंकि यह प्रत्येक अंग को व्यापक महत्व देता है।

5. यह संगठनों के अध्ययन-विश्लेषण में उपयोगी है।

प्रश्न 11. परम्परागत शास्त्रीय व मानव-संबंध उपागमों में अंतर कीजिए।

उत्तर :

शास्त्रीय उपागम	मानव संबंध उपागम
1. यह संगठन की औपचारिक संरचना पर बल देता है। 2. यह कर्मचारियों को आर्थिक मानव मानता है। 3. निरंकुश पर्यवेक्षण शैली का समर्थक है। 4. यह कार्य के भौतिक पर्यावरण पर बल देता है। 5. यह मनुष्य दो आणविक रूप में देखता है।	1. यह अनौपचारिक संगठनों पर जोर देता है। 2. यह कर्मचारियों को सामाजिक मानव मानता है। 3. यह लोकतांत्रिक पर्यवेक्षण शैली का समर्थक है। 4. यह कार्य के सामाजिक पर्यावरण पर बल देता है। 5. यह मनुष्य को सामाजिक रूप में देखता है।

प्रश्न 12. शास्त्रीय सिद्धांत व व्यवस्था सिद्धांत में अंतर कीजिए।

उत्तर :

शास्त्रीय सिद्धांत	व्यवस्था सिद्धांत
1. यह बंद व्यवस्था का समर्थक है। अत: संगठन बंद व्यवस्था है जो बाह्य वातावरण से अंतक्रिया नहीं करता है। 2. संगठन स्थिर व जड़ संरचना है। 3. यह औपचारिक पहलुओं पर बल देता है। 4. यह मनुष्य को आर्थिक मानव मानता है। 5. यह संगठन में कुशलता लाने के लिए सिद्धांतों का समर्थन करता है।	1. यह संगठन को खुली व्यवस्था के रूप में स्वीकार करता है। 2. संगठन गतिशील संरचना है। 3. यह संगठन में औपचारिक व अनौपचारिक सभी पक्षों पर जोर देता है। 4. यह मनुष्य के आर्थिक, सामाजिक व मनोवैज्ञानिक पक्षों को स्वीकार करता है। 5. यह वर्णनात्मक रूप से संगठन की घटनाओं का चित्रण करता है।

प्रश्न 13. व्यवस्था सिद्धांत पर संक्षिप्त नोट लिखिए।

उत्तर : व्यवस्था सिद्धांत की मान्यता है, कि संगठन व्यवस्था व उप-व्यवस्थाओं का समूह है। यह संगठन को एकीकृत तथा समग्र दृष्टिकोण से देखता है। शास्त्रीय सिद्धांत के विपरीत यह संगठन को खुली व्यवस्था के रूप में देखता है। यह व्यवस्था व वातावरण के सम्बंधों का विश्लेषण करता है। इसमें वातावरण के साथ अंत क्रिया रहती है। साथ ही फीडबैक पर प्रमुखता से जोर दिया जाता है।

लेकिन यह सिद्धांत खर्चीला तथा समय-साध्य है। यह प्रशासनिक सिद्धांतों की अनदेखी करता है। इन कमियों के बावजूद यह सिद्धांत उपयोगी है, क्योंकि इसने संगठन की दक्षता को प्राप्त करने के लिए एकीकृत प्रयत्नों की वकालत की है।

प्रश्न 14. नौकरशाही की प्रमुख विशेषताएँ बताइए।

उत्तर : 1. नौकरशाही की प्रकृति निर्वैयक्तिक होती है।

2. इसमें सुपरिभाषित पद-सोपान व्यवस्था होती है।

3. इसमें सत्ता, उत्तरदायित्व का पदों के बीच सुस्पष्ट विभाजन रहता है।

4. नौकरशाही में संगठन की प्रबंध व्यवस्था लिखित दस्तावेजों पर आधारित होती है।

5. कर्मचारियों का चयन योग्यता के आधार पर होता है और उनको निश्चित वेतन पेंशन आदि सुविधाएँ प्राप्त होती हैं।

प्रश्न 5. मैक्स वेवर का सत्ता विभाजन बताइए।

उत्तर : मैक्स वेवर सत्ता को तीन प्रकारों में विभाजित करते हैं-

1. **परम्परागत सत्ता :** यह सत्ता आदेश की पवित्रता के आधार पर औचित्य का दावा करती है। और उसे स्वीकार करती है। इस सत्ता में प्रशासनिक कर्मचारी या तो आनुवंधिक होते हैं या अनुवंशिकेत्तर होते हैं।

2. **वैधानिक सत्ता :** यह विधि सम्मत होती है। इसमें आज्ञापालन वैध-रूप से स्थापित आदेशों के प्रति होता है। इसमें आदेश व निर्णय लिखित होते हैं।

3. **चमत्कारिक सत्ता :** इसमें सत्ता प्राप्त व्यक्ति को अतिमानव माना जाता है। इसमें अनुयायी आदेश का पालन चमत्कारी शक्ति मानकर करते हैं। नेता के चमत्कारिक शक्ति में कमी होने पर उसे पदच्युत कर दिया जाता है।

निबंधात्मक प्रश्न

प्रश्न 1. शास्त्रीय सिद्धांत का आलोचनात्मक विवेचन कीजिए।

उत्तर : शास्त्रीय सिद्धांत के प्रमुख समर्थक विद्वान फेयोल, गुलिक, उर्विक, मूने-रैले इत्यादि हैं। इन लेखकों की रुचि औपचारिक संगठनात्मक ढाँचे व आधारभूत प्रबंधन में थी।

इस सिद्धांत में संगठन की मितव्यपिता व प्रभावशीलता के लिए सार्वभौमिक सिद्धांतों के विकास पर बल दिया गया। यह सिद्धांत संगठन संरचना को पद, प्राधिकार व दायित्व से बुनी व्यवस्था मानता है।

इस सिद्धांत की प्रमुख विशेषताएँ इस प्रकार हैं-

1. यह संगठन को बंद व्यवस्था मानता है।
2. यह औपचारिक संगठन पर बल देता है।
3. यह मनुष्य आर्थिक तत्वों पर बल देता है।
4. पदसोपान, आदेश की एकता, निर्देश की एकता, श्रमविभाजन इत्यादि।

यह सिद्धांत आलोचनाओं से युक्त नहीं है। यह आदर्शवादी व अवैज्ञानिक है। यह मानव व्यवहार की उपेक्षा करता है। साथ ही यह संगठन को बंद प्रणाली मानता है, जबकि परवर्ती अध्ययनों (व्यवस्था सिद्धान्त) से सिद्ध हुआ है। कि कोई भी संगठन बंद प्रणाली स्वरूप में नहीं होता।

उपर्युक्त अलोचनाओं के बावजूद इस सिद्धांत का संगठनों के लिए महत्व निर्विवाद है। जिन प्रबंधकीय सिद्धांतों को यह उपागम स्वीकार करता है, वे लगभग सभी संगठनों में प्रचलित हैं।

निष्कर्षत: यह सिद्धांत लोक प्रशासन के विकास में सहायक रहा और अन्य सिद्धांतों व विचारधाराओं के विकास के लिए इसने आधार दिया।

प्रश्न 2. टेलर के वैज्ञानिक प्रबंधन सिद्धांत से आप क्या समझते हैं? प्रशासनिक सुधार के क्षेत्र में इसके महत्व को बताइए।

(*अथवा*) वैज्ञानिक प्रबंधन सिद्धांत का आलोचनात्मक विवेचन कीजिए।

उत्तर : वैज्ञानिक प्रबंधन सिद्धांत संगठन से संबंधित प्रथम व्यवस्थित विचारधारा मानी जाती है। इसके प्रतिपादक फ्रेडरिक टेलर हैं।

टेलर के समय उद्योग जगत कई समस्याओं (यथा-सीमित उत्पादन, प्रबंधक व श्रमिक संघर्ष आदि) से ग्रस्त था। टेलर ने इस वातावरण में प्रबंधन में वैज्ञानिक विधियों व तकनीकों का प्रयोग किया। जो प्रबंध साहित्य में वैज्ञानिक प्रबंधन सिद्धांत के रूप में स्थापित हुआ।

वैज्ञानिक प्रबंधन का दर्शन इस प्रकार है-

1. तदर्थवाद के स्थान पर वित्तानवाद।
2. सीमित उत्पादन के स्थान पर अधिकतम उत्पादन।
3. संगठन तथा श्रमिकों का अधिकतम विकास।
4. संघर्ष के स्थान पर सौहार्द्र।

वैज्ञानिक प्रबंधन के दर्शन के आधार पर इसके सिद्धांत विकसित किये गये जिनमें कार्य विज्ञान का विकास, श्रमिकों का वैज्ञानिक चयन व विकास, कार्य विज्ञान व चयनित श्रमिकों को पास लाना व सहयोग सिद्धांत हैं।

टेलर ने उक्त दर्शन व लक्ष्यों को प्राप्त करने हेतु कई नवीन तकनीकें दीं यथा-समय व गति अध्ययन, कार्यात्मक फोरमैनशिप, अपवाद का सिद्धांत, विभेदीकृत दर व्यवस्था इत्यादि।

इस प्रकार टेलर ने संगठन की सफलता हेतु इस सिद्धांत को विकसित किया लेकिन अन्य सिद्धांतों की तरह इसे भी आलोचनाओं का सामना करना पड़ा-

1. संगठन को पूर्णता से न देखना।

2. अभिप्रेरक कारक के रूप में केवल आर्थिक पक्ष पर बल।

3. केवल कार्यशाला स्तर पर अध्ययन इत्यादि।

उपर्युक्त आलोचनाओं के बावजूद यह सिद्धांत प्रशासनिक सुधार की कड़ी में महत्वपूर्ण है। आज यह सभी संगठनों में मानव संसाधन विकास व नव टेलरवाद के रूप में प्रयुक्त हो रहा है।

प्रश्न 3. मैक्स वेवर की नौकरशाही विचारधारा की आलोचनात्मक विवेचना कीजिए। (*अथवा*) मैक्स वेवर के नौकरशाही मॉडल की विशेषताओं व सीमाओं की समीक्षा कीजिए।

उत्तर : मैक्स वेवर का नौकरशाही सिद्धांत शास्त्रीय सिद्धांत की श्रेणी में आता है। मैक्स वेवर ही प्रथम विचारक थे जिन्होंने नौकरशाही का व्यवस्थित व समाजशास्त्रीय अध्ययन किया। इन्होंने किसी भी संगठन के लिए इसे अनिवार्य माना।

वेवर नौकरशाही की व्याख्या शक्ति व सत्ता के साथ प्रारंभ करते हैं। इनके अनुसार सत्ता के तीन प्रकार हैं- परम्परागत सत्ता, वैद्यानिक सत्ता व चमत्कारिक सत्ता। इनमें से वैधानिक सत्ता को वेवर महत्वपूर्ण स्थान देते हैं, क्योंकि यह सत्ता विधि सम्मत होती है और इसके आदेशों का पालन इसकी वस्तुनिष्ठता के आधार पर किया जाता है।

मैक्स वेवर की नौकरशाही की विशेषताएँ इस प्रकार हैं-

1. नौकरशाही की प्रकृति अवैयक्तिक होती है।

2. इसमें सुपरिभाषित पद-सोपान व्यवस्था होती है।

3. इसमें सत्ता, उत्तरदायित्व का पदों के बीच सुस्पष्ट विभाजन रहता है।

4. नौकरशाही में संगठन की प्रबंध व्यवस्था लिखित दस्तावेजों पर आधारित होती है।

5. कर्मचारियों का चयन योग्यता के आधार पर होता है और उनको निश्चित वेतन पेंशन आदि सुविधाएँ प्राप्त होती हैं।

नौकरशाही सिद्धांत की परवर्ती काल में कई आधारों पर आलोचना की गई-

1. वेवलेन, मर्टन ने इसे प्रशिक्षित अक्षमता कहा।

2. यह अत्यधिक नियमोन्मुखी व दृढ़ संरचना युक्त है। अत: यह लक्ष्यों के विस्थापन को जन्म देती है। (मर्टन, सेल्जनिक आदि)

3. इसके मानवीय तत्वों की उपेक्षा की है। (साइमन आदि)

उपर्युक्त आलोचनाओं के बावजूद नौकरशाही कमोबेश प्रत्येक प्रशासनिक संस्कृति का हिस्सा है। यह कथन सत्य प्रतीत होता है। कि कोई भी समाज जो एक बार नौकरशाही से प्रशासित हो जाती है, इसके विकल्प के बारे में नहीं सोचता है।

प्रश्न 4. व्यवहारवादी उपागम का आलोचनात्मक विवेचन कीजिए।

उत्तर : व्यवहारवाद एक शोध प्रविधि है जो संगठन में मनुष्य के व्यवहार का अध्ययन करती है। राजनीति विज्ञान में इसे डेविड ईस्टन द्वारा विकसित किया गया। इसके लोक प्रशासन के चिंतकों में चेस्टर बर्नार्ड, साइमन, मैस्लो इत्यादि ने समर्थन दिया।

व्यवहारवाद की प्रमुख विशेषताएँ इस प्रकार हैं-

1. यह वर्णनात्मक व विश्लेषणात्मक है। यह संगठन में व्यक्तियों के व्यवहार और सम्बंध को महत्व देता है।

2. संगठन में कार्यरत व्यक्तियों के अनौपचारिक संबंधों और संचार को महत्व देता है।

3. इसकी अध्ययन पद्धति अनुभसिद्ध है अर्थात् यह वैज्ञानिक पद्धति का समर्थन करता है।

4. यह प्रभुता सिद्धांत के स्थान पर औचित्यता के सिद्धान्त को स्वीकार करता है।

व्यवहारवादी सिद्धांत की आलोचनाएँ इस प्रकार हैं-

1. यह वृहद स्तरीय अध्ययनों की उपेक्षा करता है। यह केवल सूक्ष्म स्तरीय अध्ययन करके व्यापक स्तर पर लागू करता है।

2. यह अत्यधिक खर्चीला व समय-साध्य प्रविधि है।

3. मानव व्यवहार परिवर्तनशील प्रकृति का होता है। अतः उसका वैज्ञानिक अध्ययन संभव नहीं है।

उपर्युक्त आलोचनाओं के बावजूद इस सिद्धांत का विशिष्ट महत्व है-

1. इसके लोक प्रशासन में विश्लेषणात्मक अध्ययनों के लिए आधार प्रदान किया।

2. इसने लोक प्रशासन को मूल्य निरपेक्ष बनाने में योगदान दिया है।

3. इसके लोक प्रशासन विषय को वैचारिक विषय के दायरे से निकालकर व्यावहारिक अध्ययन का विषय बनाया।

4. लोक प्रशासन में अभिप्रेरणा, निर्णयन, संचार इत्यादि नये आयामों को स्थान दिलाया।

❑❑

अध्याय-5

शक्ति, सत्ता, वैधता एवं उत्तरदायित्व

अति लघुत्तरात्मक प्रश्न

प्रश्न 1. शक्ति से क्या तात्पर्य है?

उत्तर : वह स्थिति जिसमें कोई विशिष्ट व्यक्ति अपने आदेशों का पालन अन्य लोगों से करवाने में सफल हो जाता है। यह व्यक्तिगत व अस्थायी होती है।

प्रश्न 2. सत्ता क्या है?

उत्तर : यह एक सकारात्मक अवधारणा है। यह आदेश देने व निर्णय लेने व अन्य लोगों से पालन करवाने का कानूनी अधिकार रखती है। यह संगठनात्मक व स्थायी होती है।

प्रश्न 3. सत्ता की दो विशेषताएँ लिखिए।

उत्तर : (1) सत्ता पद में निहित होती है।

(2) इसका स्वरूप वैधानिक व संस्थागत होता है।

प्रश्न 4. सत्ता के प्रमुख स्रोत कौन-कौन से हैं?

उत्तर : संविधान, कानून रीति-रिवाज, परम्परा, नियम, प्रत्यायोजन इत्यादि इसके स्रोत हैं।

प्रश्न 5. सत्ता की स्थितिगत विचारधारा क्या है?

उत्तर : इसका स्रोत कानून है। इसका प्रवाह ऊपर से नीचे की ओर होता है। फेयोल, गुलित आदि विचारकों द्वारा मान्य बाध्यकारी व दण्डकारी है।

प्रश्न 6. सत्ता की स्वीकृति विचारधारा अथवा बॉटम अप ऑथोरिटी क्या है?

उत्तर : सत्ता की वह विचारधारा जो यह मानती है, कि सत्ता का निवास शीर्ष पर नहीं अधीनस्थों की स्वीकृति में निहित है। साइमन व बर्नार्ड इसके प्रमुख समर्थक हैं।

प्रश्न 7. सत्ता व शक्ति में अंतर कीजिए।

उत्तर :

सत्ता	शक्ति
यह संस्थागत, स्थायी व वैधानिक होती है।	यह असंस्थागत, अस्थायी तथा अवैधानिक होती है।

प्रश्न 8. सत्ता संबंधी प्रमुख विचारधाराओं के नाम लिखिए।

उत्तर : 1. परम्परागत विचारधारा, 2. स्वीकृति विचारधारा, 3. सक्षमता विचारधारा।

प्रश्न 9. सत्ता की सक्षमता विचारधारा से आशय है।

उत्तर : इस विचारधारा के अनुसार सत्ता का स्रोत सत्ताधारी के गुण, योग्यता व उसका अनुभव है।

प्रश्न 10. वेवर का सत्ता वर्गीकरण बताइए।

उत्तर : वेवर सत्ता के तीन प्रकार स्वीकार करते हैं-

1. परम्परागत सत्ता, 2. वैधानिक सत्ता, 3. चमत्कारिक सत्ता।

प्रश्न 11. वैधानिक सत्ता।

उत्तर : सत्ता का वह प्रकार जिसका स्रोत कानून है। इसका प्रत्यायोजन किया जा सकता है। इसे अधीनस्थों द्वारा अनिवार्य रूप से स्वीकार किया जाता है।

प्रश्न 12. बर्नार्ड के अनुसार आदेश कितने प्रकार के होते हैं?

उत्तर : बर्नार्ड तीन प्रकार के आदेश मानते हैं-

(1) वे आदेश जो अस्वीकार्य हो जाते हैं।

(2) वे आदेश जो अधीनस्थों द्वारा अनिवार्यत: स्वीकार किये जाते हैं।

(3) वे आदेश जो तटस्थ प्रकृति के हैं।

प्रश्न 13. तटस्थता के क्षेत्र से क्या तात्पर्य है?

उत्तर : यह सत्ता स्वीकृति का क्षेत्र है। इस क्षेत्र में आने वाले समस्त आदेशों को अनुयायी/अधीनस्थ स्वीकार करते ही हैं। यह अवधारणा बर्नार्ड द्वारा प्रतिपादित है।

प्रश्न 14. पारिस्थिति का नियम से आशय है–

उत्तर : फोलेट द्वारा प्रतिपादित इस संकल्पना का अर्थ है- कोई किसी को आदेश न दे। प्रत्येक को परिस्थिति के अनुसार अपना कार्य करना चाहिए।

प्रश्न 15. सत्ता का पालन क्यों किया जाता है? उदाहरण बताइए।

उत्तर : (1) सत्ता में विश्वास होना, (2) दण्ड का भय, (3) उद्देश्य अनुसार आदेश, (4) अधीनस्थ आदेश को समझने में सक्षम।

प्रश्न 16. साइमन के अनुसार सत्ता के कार्य क्या हैं?

उत्तर : (1) निर्णय लेना, (2) उत्तरदायित्व सौंपना, (3) समन्वय स्थापित करना।

प्रश्न 17. वैधता क्या है?

उत्तर : लेजीटीमेसी (वैधता) लैटिन भाषा के लेजीटिमस से बना है। इसका अर्थ है- वैध पूर्ण घोषित करना।

प्रश्न 18. उत्तरदायित्व क्या है?

उत्तर : किसी व्यक्ति को कुछ करने या न करने की जिम्मेदारी सौंपना ही उत्तरदायित्व है।

प्रश्न 19. सत्ता व उत्तरदायित्व में संबंध बताइए।

उत्तर : सत्ता व उत्तरदायित्व में घनिष्ठ संबंध होता है। ये विरोधी न होकर एक-दूसरे के पूरक हैं। बिना सत्ता के उत्तरदायित्व व बिना उत्तरदायित्व के सत्ता का कोई औचित्य नहीं होता।

प्रश्न 20. उत्तरदायित्व की कोई दो विशेषता बताइए।

उत्तर : (1) उत्तरदायित्व सत्ता से जुड़ा हुआ होता है।

(2) यह दूसरे व्यक्ति को प्रत्यायोजित नहीं होता।

प्रश्न 21. सत्ता व उत्तरदायित्व में अंतर बताइए।

उत्तर :

सत्ता	उत्तरदायित्व
1. इसका प्रत्यायोजन संभव है। 2. इसका संबंध उच्चस्थों से होता है।	1. इसका प्रत्यायोजन नहीं किया जा सकता। 2. इसका संबंध अधीनस्थों से होता है।

प्रश्न 22. सत्ता की दो सीमाएँ लिखिए।

उत्तर : (1) कर्मचारियों की योग्यताएँ।

(2) कानून आर्थिक दशाएँ।

प्रश्न 23. उत्तरदायित्व के प्रकार बताइए।

उत्तर : सामान्य रूप से उत्तरदायित्व के तीन प्रकार माने जाते हैं-

1. राजनीतिक उत्तरदायित्व, 2. संस्थागत उत्तरदायित्व, 3. व्यावसायिक उत्तरदायित्व।

लघुत्तरात्मक प्रश्न

प्रश्न 1. सत्ता की अवधारणा की व्याख्या कीजिए।

उत्तर : सत्ता को निर्णय लेने व आदेश देने का अधिकार है। सत्ता का स्वरूप वैधानिक होता है। यह पद में निहित होती है। इसका प्रत्यायोजन संभव है। सत्ता का पालन विश्वास, दबाव, एकरूपता व वैधानिकता के आधार पर किया जाता है। सत्ता की औपचारिक विचारधारा का मानना है। कि सत्ता का स्रोत देश की सर्वोच्च विधि है जबकि स्वीकृति विचारधारा के अनुसार सत्ता का स्रोत अधीनस्थों की स्वीकृति है। सत्ता के तीन प्रकार स्वीकार किये जाते हैं- रेखा अधिकार सत्ता, स्टाफ अधिकार सत्ता व क्रियात्मक अधिकार सत्ता।

प्रश्न 2. शक्ति की संकल्पना की विवेचना संक्षिप्त में कीजिए।

उत्तर : शक्ति शब्द एक सापेक्ष शब्द है। इसका अर्थ है-

किसी विशिष्ट व्यक्ति द्वारा अपने आदेशों का पालन करवाने में सफल हो जाना। यह नकारात्मक संकल्पना है और अस्थायी प्रघटना है। यह अवैधानिक व वैयक्तिक होती है। शक्ति का अस्तित्व सत्ता के अभाव में संभव तो है, लेकिन इसका दीर्घकालीन अस्तित्व सत्ता के बिना संभव नहीं होता है।

प्रश्न 3. सत्ता की प्रमुख विशेषताओं का उल्लेख कीजिए।

उत्तर : (1) सत्ता प्रबंधकीय तत्व है। इसका प्रत्यायोजन ऊपर से नीचे की ओर होता है।

(2) सत्ता निर्णय लेने व अधीनस्थों को कार्य सौंपने व कार्य निष्पादन का अधिकार रखती है।

(3) यह संगठन में शीर्ष पर व्यापक जबकि संगठन के निचले स्तर पर इसका क्षेत्र संकीर्ण होता है।

(4) सत्ता उत्तरदायित्व से घनिष्ठ रूप से जुड़ी अवधारणा है। सत्ता व उत्तरदायित्व में घनिष्ठ संबंध होता है।

(5) कानून, रीति-रिवाज, नियम व प्रत्यायोजन इसके प्रमुख स्रोत हैं।

प्रश्न 4. शक्ति व सत्ता में अंतर कीजिए।

उत्तर : (1) सत्ता संगठन से जुड़ी संरचना है, जबकि शक्ति का आधार व्यक्तिगत होता है।

(2) सत्ता ऊपर से नीचे की ओर प्रवाहित होती है, जबकि शक्ति का प्रवाह अनिश्चित दिशा में होता है।

(3) सत्ता का स्वरूप वैधानिक होता है, जबकि शक्ति का स्वरूप वैधानिक नहीं होता।

(4) सत्ता से उत्तरदायित्व अनिवार्यतः जुड़ी अवधारणा है, जबकि शक्ति से उत्तरदायित्व का जुड़ाव नहीं होता।

(5) सत्ता का अस्तित्व शक्ति के बिना सत्ता है, जबकि शक्ति का अस्तित्व बिना सत्ता के कुछ समय के लिए तो संभव है, लेकिन दीर्घकाल तक संभव नहीं है।

प्रश्न 5. सत्ता के प्रमुख स्रोतों की विवेचना कीजिए।

उत्तर : सामान्यतः सत्ता के स्रोत इस प्रकार हैं-

(1) कानून अर्थात् सत्ता का स्रोत देश का सर्वोच्च कानून (संविधान) होता है।

(2) परम्परा, रीति रिवाज, नियम संहिता व कार्यविधि।

(3) प्रत्यायोजन अर्थात् उच्चाधिकारी द्वारा अधीनस्थ को सत्ता सौंपी जाती है। यह शासन के शीर्ष शिखर से शुरू होकर नीचे तक आती है।

प्रश्न 6. सत्ता संबंधी विचारधाराओं को संक्षिप्त में स्पष्ट कीजिए।

उत्तर : (1) औपचारिक विचारधारा- के अनुसार संगठन में सत्ता पद से प्राप्त होती है और इस सत्ता का स्रोत देश का सर्वोच्च कानून (संविधान है।)

(2) स्वीकृति विचारधारा (साइमन व बर्नार्ड) के अनुसार सत्ता का अस्तित्व अधीनस्थों की स्वीकृति पर निर्भर करती है।

(3) सक्षमता विचारधारा के अनुसार सत्ता किसी पदाधिकारी की योग्यता, व्यक्तित्व व अनुभव की अपेक्षा रखती है।

प्रश्न 7. सत्ता की प्रमुख सीमाओं को स्पष्ट कीजिए।

उत्तर : (1) उच्चस्थों की तुलना में अधीनस्थों की सत्ता सीमित होती है।

(2) भौतिक, आर्थिक, राजनीतिक इत्यादि पक्ष भी सत्ता को सीमांकित करते हैं।

(3) संविधान, संगठन के लक्ष्य, नीतियाँ, कार्य विधियाँ सत्ता को सीमित करती हैं।

(4) कर्मचारियों की शिक्षा, योग्यता, अनुभव इत्यादि सत्ता के क्षेत्र व प्रभाव को कम करते हैं।

प्रश्न 8. सत्ता व उत्तरदायित्व के सम्बंधों की व्याख्या कीजिए।

उत्तर : सत्ता व उत्तरदायित्व में घनिष्ठ संबंध होता है। उत्तरदायित्वों की पूर्ति के लिए सत्ता का होना जरूरी है, क्योंकि बिना सत्ता के उत्तरदायित्वों का निर्वाह करना संभव नहीं होता उत्तरदायित्व के बिना सत्ता का दुरुपयोग संभव है और सत्ता में अव्यवस्था व निरंकुशता पनप सकती है। अतः सत्ता व उत्तरदायित्व में संगतता का सिद्धांत होना चाहिए तभी सत्ता व उत्तरदायित्व की अवधारणा का साकारिक होना संभव है।

प्रश्न 9. सत्ता के प्रमुख प्रकारों की संक्षिप्त में विवेचना कीजिए।

उत्तर : समान्यतः सत्ता के तीन प्रकार स्वीकार्य किये जाते हैं-

(1) **सूत्र सत्ता-** यह निर्णय लेने का अधिकार रखने वाली सत्ता है। यह संगठन में सभी स्तरों पर विद्यमान रहती है। यह बाध्यकारी व दवाबकारी होती है।

(2) **स्टॉक सत्ता-** यह सूत्र सत्ता को सलाह देने वाली सत्ता है। यह सत्ता निर्णय लेने व आदेश देने का अधिकार नहीं रखती।

(3) **कार्यात्मक सत्ता-** कार्यात्मक सत्ता किसी विशिष्ट कार्य से संबंधित निर्णय लेने की सत्ता है। इसे सीमित सत्ता के नाम से भी जाना जाता है।

प्रश्न 10. सत्ता व उत्तरदायित्व में अंतर कीजिए।

उत्तर : (1) सत्ता का प्रत्यायोजन किया जा सकता है, जबकि उत्तरदायित्व को किसी अन्य व्यक्ति को नहीं सौंपा जा सकता।

(2) सत्ता उच्च अधिकारियों से संबंधित संकल्पना है, जबकि उत्तरदायित्व अधीनस्थों व अनुयायियों से जुड़ी संकल्पना है।

(3) सत्ता ऊपर से नीचे की ओर प्रवाहित होती है, जबकि उत्तरदायित्व नीचे से ऊपर की ओर प्रवाहित होता है।

(4) सत्ता जहाँ अन्य लोगों से कार्य सम्पन्न कराने से जुड़ी अवधारणा है, वहीं उत्तरदायित्व कार्स निष्पादन से संबंधित एक बंधन है।

प्रश्न 11. उत्तरदायित्व पर एक संक्षिप्त नोट लिखिए।

उत्तर : उत्तरदायित्व निर्धारित कर्त्तव्यों का पालन करने की जिम्मेदारी है। यह नैतिक होने के साथ कानूनी बंधन भी है। उत्तरदायित्व से सत्ता का घनिष्ठ संबंध होता है। बिना सत्ता के उत्तरदायित्व औचित्यहीन होता है। उत्तरदायित्व उच्च-अधीनस्थ संबंधों से निकलता है। इसका प्रत्यायोजन नहीं किया जा सकता। यह सामान्य व विशिष्ट प्रकृति का होता है।

प्रश्न 12. वैधता की अवधारणा की व्याख्या कीजिए।

उत्तर : अंग्रेजी में वैधता को लेजीटीमेसी कहा जाता है। यह शब्द लैटिन भाषा के लेजीटिमस शब्द से निकला है। इसका अभिप्राय है- वैध घोषित करना। शक्ति में वैधता के तत्त्व को जोड़ने पर यह सत्ता का रूप लेती है। वैधता किसी व्यवस्था में स्थिरता लाता है और उसे प्रभावी बनाता है। वैधता में व्यापकता होती है, जो स्वयं में कानून नियम, रीति-रिवाज परम्पराओं को शामिल करती है। वैधता द्वारा व्यक्तियों को आंतरिक रूप से अधीन करना संभव होता है।

निबंधात्मक प्रश्न

प्रश्न 1. सत्ता की अवधारणा को स्पष्ट करते हुए इसके स्रोत सीमाओं की विवेचना कीजिए।

उत्तर : सत्ता को निर्णय लेने व आदेश देने व इनका पालन करवाने का अधिकार है। इसका स्वरूप वैधानिक होता है और इसका अधोगामी प्रत्यायोजन संभव है। यह पद में निहित होती है। इसका पालन विश्वास, दबाव, एकरूपता व वैधानिकता के आधार पर किया जाता है।

सत्ता के कई स्रोत स्वीकार किये जाते हैं जो इस प्रकार हैं-

(1) सत्ता का प्रमुख स्रोत औपचारिक पद है जो देश के सर्वोच्च कानून से स्थापित है।

(2) सत्ता का स्रोत अधीनस्थों की स्वीकृति भी है।

(3) परम्परा, रीति-रिवाज, नियम संहिता व कार्यविधियाँ।

(4) सत्ता का स्रोत प्रत्यायोजन भी है जिसमें उच्चस्थ अधीनस्थ को सत्ता सौंपता है।

सत्ता किसी संगठन का महत्वपूर्ण आधार है, क्योंकि उत्तरदायित्वों का निर्वाह इसके बिना संभव नहीं है, लेकिन सत्ता की निम्न सीमाएँ हैं-

(1) उच्चस्थों की तुलना में अधीनस्थों की सत्ता सीमित रहती है।

(2) भौतिक, आर्थिक, राजनीतिक इत्यादि पक्ष भी सत्ता को सीमांकित करते हैं।

(3) संविधान, संगठन के लक्ष्य, नीतियाँ, कार्य विधियाँ सत्ता को सीमित करती है।

(4) कर्मचारियों की शिक्षा, योग्यता, अनुभव इत्यादि सत्ता के क्षेत्र व प्रभाव को कम करते हैं।

❑❑

अध्याय-6

प्रत्यायोजन

अति लघुत्तरात्मक प्रश्न

प्रश्न 1. प्रत्यायोजन को परिभाषित कीजिए।

उत्तर : संगठनात्मक उद्देश्यों की पूर्ति हेतु एक इकाई या उच्चस्थ द्वारा दूसरी इकाई या अधीनस्थों को कर्त्तव्यों, क्रियात्मक उत्तरदायित्व व सत्ता का हस्तान्तरण प्रत्यायोजन कहलाता है।

प्रश्न 2. प्रत्यायोजन की चार विशेषताएँ बताइए।

उत्तर : (1) प्रत्यायोजन का स्वरूप दोहरा होता है।

(2) इसमें दो पक्ष होते हैं- 1. प्रत्यायोजक व 2. प्रत्यायोजी।

(3) प्रत्यायोजन को कभी भी वापस लिखा जा सकता है।

(4) इसमें सत्ता, उत्तरदायित्व व कार्यों को सौंपा जाता है।

प्रश्न 3. प्रत्यायोजन के प्रमुख प्रकार बताइए।

उत्तर : (1) सशर्त व शर्तहीन (2) पूर्णव आंशिक (3) प्रत्यक्ष व अप्रत्यक्ष (4) स्थायी व अस्थायी (5) सामान्य व विशिष्ट (6) अर्ध्वगामी, अधोगामी व समस्तरीय (7) औपचारिक व अनौपचारिक इत्यादि।

प्रश्न 4. प्रत्यायोजन की अवश्यकता के दो कारण लिखिए।

(*अथवा*) प्रत्यायोजन के महत्व के दो बिन्दु बताइए।

उत्तर : (1) उच्चस्थों के कार्यभार में कमी होना।

(2) कर्मचारियों के मनोबल में वृद्धि होना।

प्रश्न 5. प्रत्यायोजन के प्रमुख तत्व कौन-कौन से हैं? लिखिए।

उत्तर : प्रत्यायोजन के तीन तत्व स्वीकार किये जाते हैं-

(1) कर्त्तव्य सौंपना।

(2) आवश्यक सत्ता सौंपना तथा

(3) जवाबदेहिता को निर्धारित करना।

प्रश्न 6. प्रत्यायोजन की प्रमुख सीमाएँ लिखिए।

उत्तर : कानून, विषय की प्रकृति, उच्चस्थ व अधीनस्थों की योग्यता व रुचि, संगठन का आकार व प्रक्रियाएँ, नियंत्रण का क्षेत्र व नियंत्रण की तकनीकें इत्यादि प्रत्यायोजन की सीमाएँ हैं।

प्रश्न 7. प्रत्यायोजन के प्रमुख सिद्धांत या मान्यताओं का उल्लेख कीजिए।

उत्तर : प्रत्यायोजन के प्रमुख सिद्धांत हैं- संतुलित, स्पष्ट, पूर्ण अधिकार व उत्तरदायित्व, आदेश की एकता, नियंत्रण की प्रक्रिया, खुला संप्रेषण, नियोजित व व्यवस्थित, मूल्यांकन इत्यादि।

प्रश्न 8. प्रत्यायोजन उद्देश्यमूलक अवधारणा है। स्पष्ट कीजिए।

उत्तर : प्रत्यायोजन के प्रमुख उद्देश्य हैं- संगठन की कार्यकुशलता व जीवंतता बनाये रखना, उच्चाधिकारियों के कार्यभार में कमी लाना, अधीनस्थों के मनोबल में वृद्धि व उनको अभिप्रेरित करना, शीघ्रातीशीघ्र कार्य का निष्पादन करना।

प्रश्न 9. सत्ता का प्रत्यायोजन एक भ्रम है। इस कथन को स्पष्ट कीजिए।

उत्तर : मेरी पार्कर फोलेट जैसे विचारकों का मानना है, कि सत्ता कार्य से जुड़ी अवधारणा है। कार्य या दायित्व ग्रहण करते ही सत्ता प्राप्त हो जाती है। अत: सत्ता का प्रत्यायोजन नहीं किया जाता है।

प्रश्न 10. प्रत्यायोजन सम्बंधी बाधक प्रमुख चार तत्व बताइए।

उत्तर : (1) कठोर व गहन निरीक्षण।

(2) प्रत्यायोजक में निर्देशन योग्यता की कमी।

(3) अधिकार केन्द्रीयकरण की प्रवृत्ति।

(4) जवाबदेही का अभाव।

प्रश्न 11. विकेन्द्रीकरण किसे कहते हैं?

उत्तर : सत्ता की केन्द्रस्थ स्थिति को समाप्त करके सत्ता को कई स्तरों पर स्थापित करना। यह एक राजनैतिक अवधारणा है; इसमें अंतिम उत्तरदायित्व का हस्तांतरण किया जाता है। जैसे- पंचायती राज व्यवस्था।

प्रश्न 12. प्रत्यायोजन विकेन्द्रीकरण से किस प्रकार भिन्न है? स्पष्ट कीजिए।

उत्तर : (1) प्रत्यायोजन प्रशासनिक व अस्थायी अवधारणा है, जबकि विकेन्द्रीकरण राजनीतिक व स्थायी संकल्पना है।

(2) प्रत्यायोजन में अंतिम उत्तरदायित्व प्रत्यायोजक का ही होता है, जबकि विकेन्द्रीकरण में अंतिम उत्तरदायित्व का हस्तांतरण किया जाता है।

लघुत्तरात्मक प्रश्न

प्रश्न 1. प्रत्यायोजन का अर्थ स्पष्ट करते हुए इसकी प्रमुख विशेषताएँ लिखिए।

उत्तर : संगठन के उद्देश्यों की पूर्ति हेतु उच्चस्थ द्वारा अधीनस्थों को कर्त्तव्यों, सत्ता व क्रियात्मक उत्तरदायित्व सौंपना प्रत्यायोजन है।

प्रत्यायोजन की प्रमुख विशेषताएँ हैं-

(1) प्रत्यायोजन का स्वरूप दोहरा होता है। प्रत्यायोजक कार्य व अधिकार सौंपता है लेकिन अंतिम उत्तरदायित्व अपने पास रखता है।

(2) प्रत्यायोजन को कभी भी घटाया-बढ़ाया या वापस लिया जा सकता है।

(3) प्रत्यायोजन संगठन उद्देश्यों की प्राप्ति के लिए किया जाता है।

(4) प्रत्यायोजन आदेश की एकता के सिद्धांत के पालन की अपेक्षा रखता है।

प्रश्न 2. प्रत्यायोजन की आवश्यकता के क्या कारण हैं? संक्षिप्त में विवेचित कीजिए।

उत्तर : प्रत्यायोजन की आवश्कता के कई कारण हैं, जैसे संगठन में बढ़ते कार्य की मात्रा व उच्चाधिकारों के कार्यभार में कमी, उच्चस्थ व अधीनस्थों की योग्यता सम्बंधी सीमाएँ, कार्य से सम्बंधित जटिलता व विशिष्टीकरण की आवश्यकता, अधीनस्थों की उत्तरदायित्व में भागीदारी तय करना, कार्यकुशलता व मितव्ययिता इत्यादि।

प्रश्न 3. प्रत्यायोजन के महत्व को स्पष्ट कीजिए।

उत्तर : (1) प्रत्यायोजन से उच्चस्थों का कार्यभार हल्का हो जाता है। अतः उच्चस्थ नीतिगत प्रश्नों के लिए पर्याप्त समय दे पाने में सक्षम होते हैं।

(2) अधीनस्थों की कार्यकुशलता व मनोबल में वृद्धि होती है।

(3) अधीनस्थों में कार्य पहल की क्षमता का विकास होता है और वे उत्तरदायित्व लेना सीखते हैं।

(4) बदलते परिवेश से संगठन तारतम्य स्थापित करने में सक्षम होता है और संगठन की जीवंतता बनी रहती है।

(5) संगठन में टीम व सौहार्द्र भावना का विकास होता है।

प्रश्न 4. प्रत्यायोजन के प्रमुख प्रकारों की संक्षिप्त में विवेचना कीजिए।

उत्तर : (1) अधीनस्थ को स्थायी रूप से सत्ता सौंपना स्थायी प्रत्यायोजन है, जबकि अस्थायी रूप से सत्ता सौंपना अस्थायी प्रत्यायोजन होता है।

(2) बिना शर्त सत्ता सौंपना पूर्ण प्रत्यायोजन जबकि कुछ शर्तों के साथ सत्ता सौंपना आंशिक प्रत्यायोजन है।

(3) लिखित नियमों व प्रक्रियाओं के आधार पर सत्ता सौंपना औपचारिक व लिखित प्रत्यायोजन है। संगठन की परम्पराओं व रीति रिवाजों के आधार पर होने वाला सत्ता हस्तांतरण अनौपचारिक व अलिखित प्रत्यायोजन है।

(4) कार्य से संबंधित समस्त दायित्व सौंपना सामान्य प्रकृति का प्रत्यायोजन है, जबकि संपूर्ण कार्य न सौंपना बल्कि कार्य का कुछ हिस्सा सौंपना विशिष्ट प्रत्यायोजन है।

(5) संगठन से बाहर के व्यक्ति को सत्ता हस्तांतरण बाह्य प्रत्यायोजन जबकि संगठन से जुड़े किसी व्यक्ति को सत्ता सौंपना आंतरिक प्रत्यायोजन कहलाता है।

उपर्युक्त के अलावा प्रत्यायोजन अर्ध्वगामी (ऊपर से नीचे की ओर), अधोगामी (नीचे से ऊपर की ओर), क्षितिजाकार (समान स्तर पर), प्रत्यक्ष व अप्रत्यक्ष प्रकार का भी होता है।

प्रश्न 5. प्रत्यायोजन के प्रमुख सिद्धांत या मान्यताओं को बताइए।

उत्तर : (1) प्रत्यायोजन सुस्पष्ट, लिखित व औपचारिक होना चाहिए।

(2) प्रत्यायोजन में आदेश की एकता के सिद्धांत का अनिवार्य रूप से पालन होना चाहिए।

(3) प्रत्यायोजन में सत्ता व उत्तरदायित्व में संतुलन होना चाहिए (संगतता का सिद्धांत)।

(4) प्रत्यायोजन में स्पष्टतः अधिकार सम्बंधी सीमा तय होनी चाहिए।

(5) प्रत्यायोजन नियोजित व व्यवस्थित हो और फीडबैक की व्यवस्था भी होनी चाहिए।

(6) प्रत्यायोजन के लिए संप्रेषण खुला होना चाहिए।

प्रश्न 6. प्रत्यायोजन सम्बंधी बाधक तत्वों को परिगणित कीजिए।

उत्तर : (1) प्रत्यायोजक में योग्यता व रुचि की कमी होना।

(2) स्पष्ट प्रक्रिया का अभाव व संप्रेषण साधनों की कमी।

(3) अधीनस्थ व उच्चस्थों में आत्मविश्वास की कमी व एक-दूसरे के प्रति अविश्वास की मनोवृत्ति होना।

(4) सत्ता व उत्तरदायित्व का असंतुलन।

(5) अन्य-जिम्मेदारी को टालने की प्रवृत्ति, पुरस्कार व प्रोत्साहन की कमी, सत्तावाडी प्रवृत्ति, फीडबैक की कमी इत्यादि।

प्रश्न 7. प्रभावी प्रत्यायोजन हेतु आप कौन-से सुझाव देना चाहेंगे?

उत्तर : (1) प्रत्यायोजन अधीनस्थों की योग्यता अनुसार होना चाहिए।

(2) संगठन में टीम व सौहार्द्र का वातावरण स्थापित किया जाना चाहिए।

(3) अधिकार व दायित्व संतुलित मात्रा में होने चाहिए।

(4) अधीनस्थों को प्रोत्साहन दिये जाने चाहिए और उच्चस्थ अनावश्यक हस्तक्षेप से बचे।

(5) प्रत्यायोजन किये जाने के बाद उचित फीडबैक तंत्र होना चाहिए।

प्रश्न 8. ''प्रत्यायोजन सीमित प्रकृति का होता है।'' इस कथन को स्पष्ट कीजिए।

उत्तर : प्रत्यायोजन में कोई उच्चस्थ अपने समस्त अधिकार नहीं सौंपता है; जैसे-

(1) उच्च पदों पर नियुक्त का अधिकार।

(2) अपने से निकटतम अधीनस्थ का पर्यवेक्षण का अधिकार।

(3) निम्न पदों पर लिए गये निर्णयों के विरुद्ध अपील सुनने का अधिकार।

(4) अंतिम उत्तरदायित्व प्रत्यायोजक का ही होता है वह केवल क्रियात्मक उत्तरदायित्व को सौंपता है।

(5) सामान्य वित्तीय पर्यवेक्षण का अधिकार।

प्रश्न 9. विकेद्रीकरण व प्रत्यायोजन में विभेद की पहचान कीजिए।

उत्तर :

विकेन्द्रीकरण	प्रत्यायोजन
1. एक राजनैतिक अवधारणा है।	1. एक प्रशासनिक अवधारणा है।
2. यह स्थायी व जनतांत्रिक प्रकृति का होता है।	2. यह अस्थायी व आंतरिक प्रकृति का होता है।
3. इसमें संपूर्ण दायित्व सौंपा जाता है।	3. इसमें केवल क्रियात्मक दायित्व का हस्तांतरण सौंपा जाता है।
4. विकेन्द्रीकरण के लिए प्रत्यायोजन जरूरी है।	4. प्रत्यायोजन बिना विकेन्द्रीकरण के भी संभव है।

निबंधात्मक प्रश्न

प्रश्न 1. प्रत्यायोजन की व्याख्या कीजिए। प्रशासन के संदर्भ में इसकी भूमिका की आलोचनात्मक विवेचना कीजिए।

उत्तर : संगठन के उद्देश्यों की पूर्ति हेतु उच्चस्थ द्वारा अधीनस्थ को कर्त्तव्य, क्रियात्मक उत्तरदायित्व व सलाह का हस्तांतरण प्रत्यायोजन कहलाता है।

प्रत्यायोजन की प्रमुख विशेषताओं में है-

(1) इसका स्वरूप दोहरा है। प्रत्यायोजक कार्य व अधिकार सौंपता है, लेकिन अंतिम उत्तरदायित्व अपने पास ही रखता है।

(2) प्रत्यायोजन संगठन के उद्देश्यों की पूर्ति के लिए किया जाता है।

(3) यह आदेश की एकता के सिद्धांत के पालन की अपेक्षा रखता है।

(4) प्रत्यायोजन को घटाया-बढ़ाया या वापस लिया जा सकता है।

प्रत्यायोजन किसी भी संगठन के लिए महत्वपूर्ण होता है, क्योंकि यह उच्चस्थ के कार्यभार में कमी करता है। अधीनस्थों के मनोबल में वृद्धि करता है। उनमें पहल क्षमता का विकास होता है। स्थानीय परिस्थितियों के अनुरूप नीति निर्माण करना संभव होता है। संगठन में टीम व सौहार्द्र भावना का विकास होता है, क्योंकि इससे उच्चस्थ-अधीनस्थ मानसिकता के बीच अंतराल कम होता है।

लेकिन प्रत्यायोजन की कुछ सीमाएँ भी हैं, जैसे- कर्मचारियों की योग्यता व क्षमता का स्तर, सत्ता के केन्द्रीयकरण की प्रवृत्ति, उच्चस्थ का अहं, कुशल संप्रेषण व समन्वय की कमी, पर्याप्त फीडबैक तंत्र का न होना इत्यादि।

उपर्युक्त कमियों को कुछ सिद्धांतों का पालन करके कम किया जा सकता है-

(1) लिखित तथा विशिष्टीकृत प्रत्यायोजन।

(2) नियोजित व व्यवस्थित प्रत्यायोजन।

(3) उचित संप्रेषण व फीडबैक तंत्र अपनाकर।

(4) उत्तरदायित्व के अनुपात में सत्ता सौंपना।

निष्कर्षतः आज प्रशासन में प्रत्यायोजन महत्वपूर्ण है, क्योंकि संसद पर कार्यभार की अधिकता है। साथ ही संसद सदस्यों में विशेषज्ञता का अभाव है।

❑❑

अध्याय-7

संगठन के सिद्धांत- पदसोपान, नियंत्रण का क्षेत्र एवं आदेश की एकता

अति लघुत्तरात्मक प्रश्न

प्रश्न 1. पदसोपान क्या है?

उत्तर : कर्त्तव्यों व उत्तरदायित्वों के आधार पर संगठन में पदों की क्रमिक व्यवस्था करना पदसोपान कहलाता है।

प्रश्न 2. पदसोपान के विभाजन को लिखिए।

उत्तर : (1) कार्यात्मक पदसोपान (2) प्रतिष्ठा आधारित पद-सोपान
(3) वेतन आधारित पद-सोपान (4) कुशलताओं का पद सोपान

प्रश्न 3. पदसोपान के दो-दो गुण व दोष बताइए।

उत्तर : गुण-

(1) सत्ता का प्रत्यायोजन सरल हो जाता है।

(2) संगठन में निर्णय प्रणाली सुनियोजित रहती है।

दोष-

(1) कार्य में अनावश्यक विलम्ब।

(2) संगठन में लचीलेपन की कमी।

प्रश्न 4. आदेश की एकता क्या है?

उत्तर : संगठन में कार्यरत प्रत्येक अधीनस्थ को केवल उसके निकटतम उच्चस्थ से ही आदेश प्राप्त करने चाहिए।

प्रश्न 5. नियंत्रण का क्षेत्र क्या है?

उत्तर : कर्मचारियों की वह संख्या जिसके कार्यों का पर्यवेक्षण अधीक्षण व नियंत्रण कोई उच्चस्थ क्षमतापूर्वक कर सकता है, वह नियंत्रण का क्षेत्र है।

प्रश्न 6. ध्यान का विस्तार क्षेत्र क्या है?

उत्तर : इसके प्रतिपादक ए.वी. ग्रेक्यूनास हैं। इसका अर्थ है कि हर व्यक्ति ध्यान क्षेत्र निश्चित होता है और इस निर्धारित क्षेत्र में कार्यरत व्यक्ति की गतिविधियों पर ही प्रभावी ढंग से ध्यान रख सकता है।

प्रश्न 7. नियंत्रण के क्षेत्र को प्रभावित करने वाले 4 घटकों का उल्लेख कीजिए।

उत्तर : (1) कार्य, (2) समय, (3) स्थान, तथा (4) व्यक्तित्त्व।

प्रश्न 8. आदेश की एकता के महत्व के दो बिन्दु बताइए।

उत्तर : (1) संगठन में संघर्ष व विद्वानों को रोकता है।

(2) संगठन में संप्रेषण व एकरूपता की स्थापना।

प्रश्न 9. नियंत्रण के क्षेत्र के महत्व के दो बिन्दु लिखिए।

उत्तर : (1) संगठन में अनुशासन व्यवस्था को कायम रखना संभव होता है।

(2) संगठन में समन्वय व एकरूपता की स्थापना।

प्रश्न 10. आदेश की एकता के दो लक्षण बताइए।

उत्तर : (1) यह सत्ता व उत्तरदायित्व को निर्धारित करता है।

(2) यह पदसोपानीय संगठन संरचना में ही होता है।

प्रश्न 11. ग्रेक्यूनास नियम क्या है?

उत्तर : अधीनस्थों की संख्या में गणितीय दर (1, 2, 3, 4.....) से वृद्धि करने पर प्रशासकीय जटिलता गुणोत्तर दर (2, 4, 16.....) से बढ़ती है।

प्रश्न 12. क्या आप सहमत हैं कि नियंत्रण की सीमा निर्धारित की जा सकती है?

उत्तर : नियंत्रण की सीमा को विभिन्न तत्त्व- कार्य, स्थान, समय, व्यक्तित्त्व इत्यादि निर्धारित करते हैं। प्रत्येक व्यक्ति की नियंत्रण सीमा अलग-अलग होती है। अतः इसे निर्धारित नहीं किया जा सकता।

प्रश्न 13. निर्देश की एकता का सिद्धांत क्या है?

उत्तर : पदसोपानीय संगठनों में यह सिद्धांत प्रयुक्त होता है। इसका अर्थ है- समान उद्देश्य वाली क्रियाएँ एक उच्चाधिकारी के अधीन एक योजना के अंतर्गत निर्देशित की जाए।

लघुत्तरात्मक प्रश्न

प्रश्न 1. पदसोपान का अर्थ व विशेषताएँ बताइए।

उत्तर : संगठन में कर्त्तव्यों व उत्तरदायित्वों के आधार पर पदों की क्रमिक व्यवस्था करना पदसोपान कहलाता है। पदसोपान की विशेषताएँ इस प्रकार हैं-

(1) पदसोपानी संगठन में श्रम विभाजन व विशिष्टीकरण पाया जाता है।

(2) यह संगठन संरचना को पिरामिडनुमा बनाता है।

(3) पदसोपानी संगठन में उच्चस्थ-अधीनस्थ श्रृंखला पायी जाती है।

(4) यह सिद्धांत आदेश की एकता के सिद्धांत का पालन करता है।

(5) सत्ता व उत्तरदायित्व का प्रत्येक स्तर पर तालमेल निर्धारित करता है।

प्रश्न 2. पदसोपान के वर्गीकरण को समझाइए।

उत्तर : सामान्यतः पदसोपान के चार प्रकार पाये जाते हैं-

(1) **कार्यात्मक पदसोपान** : इसमें पद के सोपानों को व्यवस्थित करने हेतु कार्य को आधार बनाया जाता है।

(2) **प्रतिष्ठा पदसोपान :** इसमें पदों की स्थिति, उनके कार्य व उत्तरदायित्व के आधार पर तय नहीं की जाती बल्कि पदों को पूर्व निर्धारित कुछ प्रतिष्ठाओं के आधार पर व्यवस्थित किया जाता है। यह व्यवस्था सैन्य संगठनों में पायी जाती है।

(3) **कुशलता पदसोपान :** इसके अंतर्गत कर्मचारियों की कार्यकुशलता को आधार बनाकर पदों को व्यवस्थित किया जाता है।

(4) **वेतन आधारित पदसोपान :** इसमें पदों की सोपानिक व्यवस्था कर्मचारियों को मिलने वाले वेतन के आधार पर की जाती है।

प्रश्न 3. पदसोपान के महत्व को बताइए।

उत्तर : (1) यह संगठन की विभिन्न इकाइयों को एकीकृत करता है और संगठन को अविभाज्य बनाता है।

(2) पदसोपान समन्वय स्थापित करने में सहायक है।

(3) यह प्रत्यायोजन व विकेन्द्रीकरण को संभव बनाता है।

(4) यह संगठन में संप्रेषण की व्यवस्थित प्रणाली को स्थापित करता है।

(5) यह आदेश की एकता के सिद्धांत को क्रियान्वित करने की राह आसान बनाता है।

प्रश्न 4. पदसोपान के प्रमुख दोष बताइए।

उत्तर : (1) यह संगठन में अनावश्यक कठोरता स्थापित करता है जिसका परिणाम लालफीताशाही है।

(2) यह संगठन में उच्चस्थ-अधीनस्थ मानसिकता को स्थापित करता है।

(3) यह संगठन को यांत्रिक स्वरूप देता है। जिससे संगठन में मानवीय तत्त्वों का अभाव पाया जाता है।

(4) यह संरचना आकस्मिक व अतिआवश्यक कार्यों के लिए अनुपयोगी है।

(5) यह कर्मचारियों की पहल क्षमता को प्रोत्साहित करता है।

प्रश्न 5. आदेश की एकता सिद्धांत की आवश्यकता के प्रमुख कारण बताइए।

उत्तर : आदेश की एकता सिद्धांत से होने वाले लाभों की चर्चा कीजिए-

(1) यह संगठन में सत्ता सूत्रों का स्पष्टीकरण करता है।

(2) यह संगठन में अनुशासन व नियंत्रण की व्यवस्थित प्रणाली को स्थापित करता है।

(3) यह संगठन में कार्यकुशलता, मितव्ययता व दक्षता स्थापित करता है।

(4) यह संगठन में समन्वय लाता है और अंतर्विरोधों को कम करता है।

(5) यह संगठन के उद्देश्यों में एकरूपता स्थापित करता है।

प्रश्न 6. आदेश की एकता सिद्धांत की प्रमुख कमियों को विवेचित कीजिए।

उत्तर : (1) यह सिद्धांत सार्वभौमिक रूप से सभी संगठनों में प्रयुक्त नहीं होता।

(2) यह संगठन में विशिष्टीकरण का विरोधी है।

(3) इसके पालन से संगठन में कठोरता आती है।

(4) यह कर्मचारियों की पहल क्षमता को विकसित होने से रोकता है।

(5) यह संगठन में सैनिक संगठन की तानाशाही को स्थापित करता है।

प्रश्न 7. उन कारणों को परिभाषित कीजिए जिनके कारण आदेश की एकता सिद्धांत नकारात्मक रूप से प्रभावित हुआ है।

उत्तर : (1) सहायक अभिकरणों के विकास ने आदेश की एकता की उपयोगिता को कम किया है।

(2) संगठनों में बहुल कार्यपालिका का विकास होना।

(3) विकास प्रशासन के कारण क्योंकि विकास एक बहुआयामी अवधारणा है जो आदेश की बहुलता की समर्थक है।

(4) संगठनों के बाह्य सम्बंधों ने भी आदेश की एकता को प्रभावित किया है।

(5) विशेषज्ञ अभिकरणों की बढ़ती आवश्यकता ने विशिष्टीकरण को बढ़ावा दिया है।

प्रश्न 8. नियंत्रण के क्षेत्र की अवधारणा की व्याख्या कीजिए।

उत्तर : नियंत्रण के क्षेत्र का तात्पर्य अधीनस्थों की उस संख्या से है जिसे एक उच्चाधिकारी प्रभावशाली तरीके से उसके कार्यों को निर्देशित कर सकता है। यह ए.वी. ग्रेक्यूनाज के ध्यान के विस्तार क्षेत्र से निकला है। यह संगठन में आदेश देने व उसके पालन करवाने की औपचारिक सीमा रेखाओं से संबंधित है। इसका कार्य की गुणवत्ता से सीधा संबंध है। नियंत्रण के क्षेत्र को अनेक तत्त्व प्रभावित करते हैं- संगठन का फैलाव (स्थान), संगठन की आयु (अवधि), कार्य की प्रकृति, पर्यवेक्षण की प्रकृति व तकनीक, प्रत्यायोजन की सुविधा, स्वसंचालन का अनुप्रयोग इत्यादि।

प्रश्न 9. नियंत्रण के क्षेत्र पर ग्रेक्यूनाज के विचारों को स्पष्ट कीजिए।

उत्तर : वी.ए. ग्रेक्यूनाज ने 1933 में नियंत्रण के क्षेत्र को ध्यान की सीमा के आधार पर विश्लेषित किया। ग्रेक्यूनाज की मान्यता है कि अधीनस्थों की संख्या में गणितीय दर (1, 2, 3, 4 ....) से वृद्धि करते हैं तो उच्च-अधीनस्थों के बीच सम्बंध गुणोत्तर दर (2, 4, 16 ....) से विकसित होते हैं।

ग्रेक्यूनाज किसी भी संगठन में तीन प्रकार के संबंध स्वीकार करते हैं-

(1) प्रत्यक्ष इकहरे संबंध, (2) प्रत्यक्ष समूह संबंध, (3) त्रियक संबंध।

ग्रेक्यूनाज तीनों प्रकार के सम्बंधों का विश्लेषण करने के उपरांत कुल संबंधों की व्याख्या हेतु एक सूत्र विकसित करते हैं-

$$n\left(\frac{2^n}{2}+n-1\right)$$

यहाँ n का तात्पर्य अधीनस्थों की संख्या से है।

निबंधात्मक प्रश्न

प्रश्न 1. पदसोपान की व्याख्या करते हुए इसके गुण-दोषों की विवेचना कीजिए।

उत्तर : संगठन में कर्त्तव्यों व उत्तरदायित्वों के आधार पर पदों की क्रमिक व्यवस्था करना पदसोपान कहलाता है। पदसोपान की विशेषताएँ इस प्रकार हैं-

(1) पदसोपानी संगठन में श्रम विभाजन व विशिष्टीकरण पाया जाता है।

(2) यह संगठन संरचना को पिरामिडनुमा बनाता है।

(3) पदसोपानी संगठन में उच्चस्थ-अधीनस्थ शृंखला पायी जाती है।

(4) यह सिद्धांत आदेश की एकता के सिद्धांत का पालन करता है।

(5) सत्ता व उत्तरदायित्व का प्रत्येक स्तर पर तालमेल निर्धारित करता है।

पदसोपान के गुण इस प्रकार हैं-

(1) यह संगठन की विभिन्न इकाइयों को एकीकृत करता है और संगठन को अविभाज्य बनाता है।

(2) पदसोपान समन्वय स्थापित करने में सहायक है।

(3) यह प्रत्यायोजन व विकेन्द्रीकरण को संभव बनाता है।

(4) यह संगठन में संप्रेषण की व्यवस्थित प्रणाली को स्थापित करता है।

(5) यह आदेश की एकता के सिद्धांत को क्रियान्वित करने की राह आसान बनाता है।

पदसोपान के प्रमुख दोष इस प्रकार हैं-

(1) यह संगठन में अनावश्यक कठोरता स्थापित करता है, जिसका परिणाम लालफीताशाही है।

(2) यह संगठन में उच्चस्थ-अधीनस्थ मानसिकता को स्थापित करता है।

(3) यह संगठन को यांत्रिक स्वरूप देता है। जिससे संगठन में मानवीय तत्त्वों का अभाव नहीं पाया जाता है।

(4) यह संरचना आकस्मिक व अतिआवश्यक कार्यों के लिए अनुपयोगी है।

(5) यह कर्मचारियों की पहल क्षमता को प्रोत्साहित करता है।

प्रश्न 2. आदेश की एकता सिद्धांत को स्पष्ट करते हुए आलोचनात्मक विवेचन कीजिए।

उत्तर : आदेश की एकता का तात्पर्य है- संगठन में कार्यरत प्रत्येक अधीनस्थ को केवल उसके निकटतम उच्च अधिकारी द्वारा ही उसे आदेश देना चाहिए। इस सिद्धांत का पालन पदसोपानीय संगठनों में किया जाता है।

आदेश की एकता सिद्धांत से होने वाले लाभ इस प्रकार हैं-

(1) यह संगठन में सत्ता सूत्रों का स्पष्टीकरण करता है।

(2) यह संगठन में अनुशासन व नियंत्रण की व्यवस्थित प्रणाली को स्थापित करता है।

(3) यह संगठन में कार्यकुशलता, मितव्ययता व दक्षता स्थापित करता है।

(4) यह संगठन में समन्वय लाता है और अंतर्विरोधों को कम करता है।

(5) यह संगठन के उद्देश्यों में एकरूपता स्थापित करता है।

आदेश की एकता का सिद्धांत निम्न तत्वों द्वारा सीमांकित है-

(1) यह सिद्धांत सार्वभौमिक रूप से सभी संगठनों में प्रयुक्त नहीं होता।

(2) यह संगठन में विशिष्टीकरण का विरोधी है।

(3) इसके पालन से संगठन में कठोरता आती है।

(4) यह कर्मचारियों की पहल क्षमता को विकसित होने से रोकता है।

(5) यह संगठन में सैनिक संगठन की तानाशाही को स्थापित करता है।

निष्कर्षत: आदेश की एकता के सिद्धांत का पालन पदसोपानीय पाया जाता है। जिसके लाभ व हानि दोनों हैं– अत: गेंग प्लांक जैसी नवीन तकनीकों का प्रयोग करके इसे सार्थक बनाया जा सकता है।

प्रश्न 3. नियंत्रण का क्षेत्र सिद्धांत को स्पष्ट करते हुए इसे प्रभावित करने वाले कारकों की चर्चा कीजिए।

उत्तर : शास्त्रीय संगठनों में प्रयुक्त होने वाले इस सिद्धांत का उद्‌भव ग्रेक्यूनाज के ध्यान की सीमा से है। इसका अर्थ है- अधीनस्थों की वह संख्या जिसके कार्यों का कोई उच्चस्थ प्रभावशाली ढंग से निर्देशित कर सकता है।

नियंत्रण का क्षेत्र पदसोपानी संरचना में प्रयुक्त किया जाता है। यह कार्य की गुणवत्ता से सीधा सम्बन्ध रखता है। यह संगठन में आदेश देने व उसके पालन करवाने की औपचारिक सीमा रेखाओं से सम्बंधित है।

नियंत्रण के क्षेत्र को प्रभावित करने वाले घटक इस प्रकार हैं-

(1) **उच्चाधिकारी का व्यक्तित्व :** नियंत्रण के क्षेत्र को प्रभावित करता है। यदि वह प्रभावशाली व्यक्तित्व वाला है तो अधिक लोगों को नियंत्रित कर सकता है।

(2) **संगठन का फैलाव अर्थात् संगठन की इकाइयाँ :** संगठन के मुख्यालय पर या उसके निकट है तो नियंत्रण का क्षेत्र बढ़ा होगा। इसके विपरीत स्थिति में नियंत्रण का क्षेत्र सीमित होगा।

(3) अवधि अर्थात् संगठन पुराना है तो उसकी कार्य प्रक्रिया, कार्य प्रणाली व नियम स्पष्ट होंगे। अधीनस्थ इनसे पूर्णत: परिचित होंगे। अत: नियंत्रण का क्षेत्र व्यापक होगा। यदि संगठन नया है तो नियंत्रण का क्षेत्र छोटा होगा।

(4) कार्य की प्रकृति अर्थात् संगठन में संपादित होने वाले कार्य एक ही प्रकृति के होते हैं और अधीनस्थ एक ही प्रकार का कार्य करते हैं तो नियंत्रण का क्षेत्र बड़ा होगा। यदि कार्य भिन्न प्रकृति के हैं तो नियंत्रण का क्षेत्र संकुचित होगा।

(5) **पर्यवेक्षण तकनीकें :** उच्च व आधुनिक हैं तो नियंत्रण का क्षेत्र व्यापक होगा।

(6) यदि उच्चाधिकारी सत्ता का प्रत्यायोजन अपने अधीनस्थों में करते हैं तो नियंत्रण का क्षेत्र व्यापक होगा।

(7) स्वचालन का प्रयोग, सूचना क्रांति व विशेषज्ञों का बढ़ता महत्व नियंत्रण के क्षेत्र को छोटा करते हैं।

निष्कर्षत: नियंत्रण का क्षेत्र सिद्धांत संगठन में अधीनस्थों की संख्या व उनके कार्यों के पर्यवेक्षण से जुड़ा हुआ महत्वपूर्ण सिद्धांत है। यह संगठन के लक्ष्यों को प्राप्त करने में सहायक है। यह संगठन में समन्वय, एकरूपता और अनुशासन को स्थापित करता है।

❑❑

अध्याय-8

प्रबंध के कार्य

अति लघुत्तरात्मक प्रश्न

प्रश्न 1. नियोजन क्या है?

उत्तर : निर्धारित लक्ष्यों की प्राप्ति हेतु कार्य योजना का निर्धारण करना नियोजन है। यह पूर्वानुमान पर आधारित प्रक्रिया है।

प्रश्न 2. नियोजन की दो विशेषताएँ बताइए।

उत्तर : 1. यह प्रबंधकीय कार्यों का मूलाधार है।

2. यह बौद्धिक व मानसिक क्रिया है।

प्रश्न 3. नियोजन का महत्व बताइए। (कोई दो बिन्दु)

उत्तर : 1. यह निर्देशन की व्यवस्था करता है।

2. यह अनिश्चितता के जोखिम को कम करता है।

प्रश्न 4. नियोजन प्रक्रिया के घटकों को उल्लिखित कीजिए।

उत्तर : 1. उद्देश्य का निर्धारण, 2. विकासशील आधार, 3. विकल्पों का मूल्यांकन, 4. विकल्प का चुनाव, 5. योजना को लागू करना।

प्रश्न 5. नियोजन की चार प्रमुख तकनीकें बताइए।

उत्तर : 1. पूर्वानुमान, 2. बजट, 3. सीमांत विश्लेषण तकनीक, 4. रेखीय कार्यक्रम।

प्रश्न 6. संगठन को परिभाषित कीजिए।

उत्तर : संगठन एक प्रबंधकीय कार्य है। यह एक ऐसी प्रक्रिया है जिसमें समूह की गतिविधियों को व्यवस्थित किया जाता है और प्राधिकार युक्त संबंधों की स्थापना की जाती है।

प्रश्न 7. संगठन के प्रमुख तत्व बताइए।

उत्तर : 1. कार्य विभाजन, 2. उद्देश्य, 3. समन्वय, 4. संचार, 5. अधिकार व दायित्वों का ढाँचा।

प्रश्न 8. संगठन के प्रमुख आधार बताइए।

उत्तर : 1. प्रयोजन, 2. प्रक्रिया, 3. व्यक्ति, 4. क्षेत्र।

प्रश्न 9. औपचारिक संगठन किसे कहते हैं?

उत्तर : सत्ता व कानून से स्थापित संगठन जो लिखित होता है। इनमें श्रम विभाजन व कार्य विशेषीकरण होता है। इसकी संरचना पदसोपानीय होती है।

प्रश्न 10. अनौपचारिक संगठन किसे कहते हैं?

उत्तर : इसका तात्पर्य उन वैयक्तिक संबंधों से है जो संगठन के कर्मचारियों के समूह से बनते हैं। यह स्वत: विकसित व पदसोपानीय संरचना से बाहर होते हैं।

प्रश्न 11. स्टाफिंग क्या है?

उत्तर : यह संगठन में रिक्त पदों की पूर्ति की प्रक्रिया है। इसमें भर्ती, प्रशिक्षण, उन्नति, वर्गीकरण इत्यादि आयाम सम्मिलित हैं।

प्रश्न 12. भर्ती क्या है?

उत्तर : संभावित कर्मचारियों को तलाशना व उन्हें संगठन में पदों के लिए आवेदन देने के लिए प्रेरित करना भर्ती है।

प्रश्न 13. चयन क्या है?

उत्तर : वह प्रक्रिया जो भर्ती के समय बनाये गये संभावित पद-प्रत्याशियों के निकाय में से कर्मचारियों को चुनती है।

प्रश्न 14. स्टाफिंग की आवश्यकता के दो कारण बताइए।

उत्तर : 1. संगठन दायित्वों को पूरा करने हेतु।

2. कर्मचारियों में मनोबल बनाये रखने हेतु।

प्रश्न 15. निर्देशन किसे कहते हैं?

उत्तर : यह कर्मचारियों को आदेश देने, मार्गदर्शन, परामर्श, अभिप्रेरित व कुशल नेतृत्व प्रदान करने की प्रक्रिया है, जिसका उद्देश्य संगठन के उद्देश्यों की पूर्ति है।

प्रश्न 16. निर्देशन के प्रमुख तत्व बताइए।

उत्तर : 1. पर्यवेक्षण, 2. अभिप्रेरणा, 3. नेतृत्व, 4. संप्रेषण।

प्रश्न 17. पर्यवेक्षण क्या है?

उत्तर : अधीनस्थों के कार्यों का निरीक्षण करना और उनको आवश्यक निर्देश देना पर्यवेक्षण कहलाता है।

प्रश्न 18. पर्यवेक्षण के प्रमुख प्रकार बताइए।

उत्तर : 1. मूलभूत एवं तकनीकी पर्यवेक्षण, 2. एकल या बहुल पर्यवेक्षण, 3. सामान्य व कार्यात्मक पर्यवेक्षण।

प्रश्न 19. पर्यवेक्षण की प्रमुख दो तकनीकें लिखिए।

उत्तर : 1. पूर्व स्वीकृति, 2. कार्य बजट का निर्धारण।

प्रश्न 20. समन्वय से आप क्या समझते हो?

उत्तर : संगठन में उत्पन्न संघर्षों को दूर करना और संतुलन स्थापित करना समन्वय है।

प्रश्न 21. नियंत्रण से आप क्या समझते हो?

उत्तर : नियंत्रण एक ऐसी प्रक्रिया है जिसमें निर्धारित मापदण्डों व प्रक्रियाओं के आधार पर कार्य करवाया जाता है।

प्रश्न 22. निर्णयन क्या है?

उत्तर : समस्या विशेष से सम्बंधित विभिन्न विकल्पों में से श्रेष्ठतम विकल्प का चुनना निर्णयन है।

प्रश्न 23. साइमन के अनुसार निर्णयन प्रक्रिया के चरण बताइए।

उत्तर : 1. बौद्धिक क्रिया, 2. प्रारूप क्रिया, 3. चयन क्रिया।

लघुत्तरात्मक प्रश्न

प्रश्न 1. नियोजन की अवधारणा को स्पष्ट करते हुए इसकी विशेषताओं को बताइए।

उत्तर : नियोजन का अभिप्राय पहले से यह निश्चित करना है कि भविष्य में क्या करना है और कैसे करना है। इसमें उद्देश्यों का निर्धारण करके उनकी प्राप्ति के लिए कार्यविधि को विकसित किया जाता है।

नियोजन की विशेषताएँ निम्न हैं-

1. इसका केन्द्र बिन्दु लक्ष्यों की प्राप्ति है।
2. यह प्रबंधन का प्राथमिक कार्य है।
3. यह सर्वव्यापी प्रक्रिया है।
4. यह अविरत व भविष्यवादी मानसिक अभ्यास है।
5. नियोजन में निर्णय रचना निहित है।

प्रश्न 2. नियोजन की प्रक्रिया को स्पष्ट कीजिए।

उत्तर : नियोजन एक प्रक्रिया है जिसके चरण क्रमश: इस प्रकार हैं-

1. उद्देश्यों का निर्धारण करना।
2. योजना के मूल आधारों को पहचानना।
3. उद्देश्यों की प्राप्ति के लिए विकल्पों की तलाश व उनका मूल्यांकन करना।
4. श्रेष्ठ विकल्प का चुनाव व उसका क्रियान्वयन।
5. योजना क्रियान्वयन के दौरान फीडबैक लेना।

प्रश्न 3. नियोजन का महत्व बताइए।

उत्तर : 1. नियोजन निर्देशन की व्यवस्था करता है।

2. यह अनिश्चितता की जोखिम को कम करता है।
3. यह नव-प्रर्वतन विचारों को बढ़ावा देता है।
4. यह निर्णयन प्रक्रिया को सरल बनाता है।
5. यह नियंत्रण के मानकों को तय करता है।

प्रश्न 4. नियोजन की सीमाएँ बताइए।

उत्तर : 1. यह परिवर्तनशील वातावरण में प्रभावी नहीं रहता है।

2. यह व्यवस्था में दृढ़ता को सम्मिलित करता है।
3. यह रचनात्मकता को रोकता है।

4. यह समय साध्य प्रक्रिया है।
5. इसमें भारी लागत आती है। अत: यह खर्चीली प्रक्रिया है।

प्रश्न 5. संगठन की प्रमुख विशेषताएँ लिखिए।

उत्तर : 1. संगठन में दो से अधिक व्यक्ति होते हैं।
2. प्रत्येक संगठन का निश्चित लक्ष्य होता है।
3. संगठन में मानवीय व भौतिक संसाधनों में समन्वय पाया जाता है।
4. संगठन एक साधन है, साध्य नहीं।
5. संगठन में कर्त्तव्यों व उत्तरदायित्वों की रेखाएँ होती है।

प्रश्न 6. संगठन के प्रमुख तत्व क्या हैं? स्पष्ट कीजिए।

उत्तर : संगठन के प्रमुख तत्व निम्न हैं-
1. संगठन में कार्य विभाजन व विशिष्टीकरण होता है।
2. प्रत्येक संगठन द्वारा लक्ष्य तय किये जाते हैं।
3. संगठन में विभिन्न गतिविधियों में समन्वय होना जरूरी है।
4. संगठन में आदेश-निर्देश की संचार सेवाएँ होती हैं।
5. इसमें अधिकारों व दायित्वों की बुनी संरचना होती है।

प्रश्न 7. संगठन की प्रक्रिया बताइए।

उत्तर : एक स्वस्थ संगठन की प्रक्रिया के चरण इस प्रकार हैं-
1. तर्कसंगत व न्यायपूर्ण उद्देश्यों का निर्धारण करना।
2. उद्देश्यों की प्राप्ति के लिए क्रियाओं का निर्धारण करना।
3. विभिन्न क्रियाओं को पृथक्-पृथक् विभागों में विभक्त करना।
4. क्रियाओं को पूरा करने के लिए कर्मचारियों को सौंपना व उनको सत्ता देना।
5. विभिन्न क्रियाओं में संतुलन व समन्वय स्थापित करना और फीडबैक लेना।

प्रश्न 8. औपचारिक व अनौपचारिक संगठन में अंतर बताइए।

उत्तर :

औपचारिक संगठन	अनौपचारिक संगठन
1. यह उच्चसत्ता द्वारा कानूनी रूप से स्थापित होता है।	1. यह स्वभाविक रूप से विकसित होता है।
2. इसमें व्यक्ति की भावनाओं का कोई स्थान नहीं होता है।	2. यह समूह की भावनाओं से संचालित होता है।
3. यह कठोर व जटिल होता है।	3. यह परिस्थितियों के अनुसार लचीला होता है।
4. यह कानूनी नियमों से संचालित होता है जो लिखित रूप से होते हैं।	4. यह समूह के द्वारा मान्य मापदण्डों से संचालित होता है जो लिपिबद्ध नहीं होते।
5. यह श्रम विभाजन, पदसोपान आदेश की एकता इत्यादि सिद्धांतों से संचालित होता है।	5. यह इन सिद्धांतों से मुक्त होता है।

प्रश्न 9. संगठन के प्रमुख आधार क्या है? स्पष्ट कीजिए।

उत्तर : संगठन के निम्न 4 आधार माने जाते हैं-

1. **प्रयोजन-** इसका अर्थ उस अंतिम लक्ष्य से है जिसे प्राप्त करने के लिए संगठन की स्थापना की जाती है। जैसे-शिक्षा।

2. **प्रक्रिया-** प्रक्रिया का अर्थ है- विशेष प्रकार के कार्य करने की तकनीकी विधि/कानून विभाग, स्वास्थ्य विभाग इत्यादि प्रक्रिया आधारित संगठन है।

3. **व्यक्ति-** संगठन विशेष व्यक्ति-समूह के कल्याण हेतु संगठित करना। जैसे- आदिवासी कल्याण विभाग।

4. **क्षेत्र-** एक क्षेत्र विशेष की आवश्यकताओं के आधार पर संगठन बनाना। जैसे- विदेश विभाग।

प्रश्न 10. औपचारिक संगठनों के प्रमुख लक्षण बताइए।

उत्तर : 1. ये सत्ता व कानूनी रूप से स्थापित होते हैं।

2. इनकी कार्य प्रक्रिया लिखित होती है।

3. इसकी संरचना पदसोपानीय होती है।

4. कर्मचारी की प्रतिष्ठा का आधार पद होता है।

5. इन संगठनों में उत्तरदायित्व पर जोर दिया जाता है।

6. इन संगठनों में श्रम विभाजन, आदेश की एकता, नियंत्रण का क्षेत्र इत्यादि सिद्धांतों पर बल दिया जाता है।

प्रश्न 11. अनौपचारिक संगठनों की प्रमुख विशेषताएँ बताइए।

उत्तर : 1. स्वत: विकसित संगठन जिनमें वैयक्तिक सम्बंध मजबूत होते हैं।

2. इसमें लक्ष्यों पर जोर दिया जाता है।

3. संगठन पदसोपानी न होकर लचीला होता है।

4. ये औपचारिक संगठन के विरोधी न होकर पूरक होते हैं।

5. इसमें चार्ट, नक्शों आदि का प्रयोग नहीं होता है।

प्रश्न 12. स्टाफिंग के महत्व को स्पष्ट कीजिए।

उत्तर : 1. यह संगठन के लिए दक्ष व योग्य कर्मचारी उपलब्ध करवाता है।

2. उपयुक्त पदों की नियुक्ति से कार्य का बेहतर निष्पादन होता है।

3. यह कर्मचारियों के मनोबल में वृद्धि करता है।

4. मानव संसाधनों का सर्वोत्तम उपयोग सुनिश्चित होता है।

5. संगठन का दीर्घकालिक अस्तित्व सुनिश्चित होता है।

प्रश्न 13. स्टाफिंग की प्रक्रिया के चरण बताइए।

उत्तर : स्टाफिंग प्रक्रिया के चरण इस प्रकार हैं-

1. संगठन के लिए मानव संसाधन की आवश्यकता व इसकी पूर्ति के स्रोतों को निश्चित करना।

2. भर्ती व चयन का आयोजन करना।
3. स्थापन व अभिनवन करना।
4. प्रशिक्षण द्वारा कर्मचारियों का विकास करना।
5. कर्मचारियों का स्थानान्तरण व पदोन्नति करना।

प्रश्न 14. पर्यवेक्षण की प्रमुख विशेषताएँ बताइए।

उत्तर : 1. यह दोतरफा क्रिया है। इसमें मार्गदर्शन व अधीक्षण सम्मिलित है।
2. यह सतत रूप से चलने वाली प्रक्रिया है।
3. यह निरीक्षण नहीं है। निरीक्षण नकारात्मक होता है जबकि पर्यवेक्षण सकारात्मक है।
4. इसका उद्देश्य लक्ष्यों की प्राप्ति है।
5. यह उच्च दृष्टि से देखरेख है।

प्रश्न 15. पर्यवेक्षण की प्रमुख तकनीकों को संक्षिप्त में समझाइए।

उत्तर : 1. पूर्वी स्वीकृति निर्धारण द्वारा पर्यवेक्षण।
2. सेवा मानकों के निर्धारण द्वारा पर्यवेक्षण।
3. निरीक्षण तकनीक द्वारा पर्यवेक्षण।
4. कार्य बजट निर्धारण द्वारा पर्यवेक्षण।
5. कार्मिकों की नियुक्ति की स्वीकृति द्वारा पर्यवेक्षण रिर्पोटिंग द्वारा पर्यवेक्षण।

प्रश्न 16. एक अच्छे पर्यवेक्षण में कौन-कौन-से गुण होने चाहिए।

उत्तर : अच्छे पर्यवेक्षक को कार्य की संपूर्ण जानकारी होनी चाहिए। उसे निष्पक्ष, न्यायप्रिय व सहानुभूति के गुणों से युक्त होना चाहिए। उसे साहसी व आत्मविश्वासी होना चाहिए। यह लोगों से कार्य करवाने में सक्षम हो। उसे भावनात्मक नियंत्रण करना आना चाहिए। उसमें प्रबंधकीय पटुता, बौद्धिक सतर्कता व नवाचार प्रवृत्तियाँ होनी चाहिए। उसमें अधीनस्थों को प्रेरित करने का गुण होना चाहिए।

प्रश्न 17. समन्वय के महत्व को स्पष्ट कीजिए।

उत्तर : समन्वय प्रबंध का महत्वपूर्ण कार्य है। यह संगठन के प्रयासों में एकता स्थापित करता है। यह संगठन में संघर्षों को दूर करके संगठन में मधुर वातावरण स्थापित करता है। इसके द्वारा कर्मचारियों में उच्च उत्साह व मनोबल की स्थिति रहती है। यह संगठन को दक्ष व कार्यकुशल बनाता है।

प्रश्न 18. समन्वय में बाधक तत्वों की पहचान कीजिए।

उत्तर : 1. अधीनस्थों में कार्य से जो चुराने की मनोवृत्ति होना।
2. उचित नेतृत्व व संप्रेषण की कमी होना।
3. संगठन में स्व हितों पर ध्यान देना और संगठन के हितों की अनदेखी करना।
4. प्रबंधकों में दूरदर्शिता की कमी होना।
5. संगठन में विशेषज्ञता व तकनीक का बढ़ता ग्राफ।

प्रश्न 19. नियंत्रण प्रक्रिया के चरणों को स्पष्ट कीजिए।

उत्तर : 1. सर्वप्रथम कार्य के मानकों का निर्धारण किया जाता है।

2. निर्धारित मानकों से निष्पादित कार्यों का मूल्यांकन करना।

3. मूल्यांकन प्रक्रिया में कमियों को जानना व उनका विश्लेषण करना।

4. कमियों को दूर करने हेतु सुधार कार्यवाही करना।

प्रश्न 20. निर्णयन प्रक्रिया के चरण बताइए।

उत्तर : साइमन अपने दर्शन में निर्णयन प्रक्रिया के तीन चरण स्वीकार करते हैं-

1. **बौद्धिक क्रिया-** इस चरण में समस्या क्या है? इसका विश्लेषण किया जाता है और समस्या से सम्बंधित तथ्य एकत्र किये जाते हैं।

2. **प्रारूपण क्रिया-** इसके अंतर्गत समस्या समाधान के विकल्पों पर विचार व विश्लेषण प्रक्रिया अपनायी जाती है।

3. **चयन क्रिया-** अंत में उपलब्ध विकल्पों में से श्रेष्ठतम विकल्प का चयन किया जाता है।

निबंधात्मक प्रश्न

प्रश्न 1. नियोजन की विभिन्न तकनीकों को संक्षिप्त में स्पष्ट कीजिए और प्रभावी नियोजन हेतु सुझाव दीजिए।

उत्तर : निर्धारित लक्ष्यों की प्राप्ति हेतु कार्य योजना का निर्धारण करना नियोजन है। यह पूर्वानुमान पर आधारित प्रक्रिया है।

नियोजन की प्रमुख तकनीकें निम्न हैं-

1. पूर्वानुमान लगाना अर्थात् भूत व वर्तमान स्थितियों के आधार पर अनुमान लगाना।

2. बजट में वरीयताओं को तय किया जाता है और गतिविधियों को निर्धारित किया जाता है।

3. रेखीय कार्यक्रम में संसाधनों को विभिन्न वर्गों में बाँटकर श्रेष्ठ विकल्प का चुनाव किया जाता है।

4. सीमांत विश्लेषण तकनीक में आय के आधार पर नियोजन गतिविधियाँ तय की जाती है।

5. संभाविता तकनीक में पिछले समय में घटित घटनाओं का विश्लेषण किया जाता है और पूर्वानुमानों को तय किया जाता है।

प्रभावी नियोजन हेतु सुझाव इस प्रकार हैं-

1. योजना प्रक्रिया स्पष्ट व संतुलित हो।

2. नियोजन प्रक्रिया कठोर न होकर लचीली होनी चाहिए।

3. नियोजन का निर्धारण करते समय कर्मचारियों के हितों का ध्यान रखना चाहिए।

4. यह अत्यधिक खर्चीली नहीं होनी चाहिए।

निष्कर्षत: नियोजन एक सतत व सार्वभौमिक गतिशील प्रक्रिया है। इसे प्रभावी बनाकर संगठन को जीवंत बनाना आसान होता है।

प्रश्न 2. संगठन के प्रमुख आधारों के गुण-दोषों को स्पष्ट कीजिए।

उत्तर : संगठन के 4 आधार स्वीकार किये जाते हैं इन्हें 4P's (Purpose, Process, Person, Place) कहा जाता है। जिनके गुण व दोष इस प्रकार हैं-

1. प्रयोजन (Purpose)-

गुण-

1. कार्यकुशलता में वृद्धि होती है।

2. दोहरेपन से मुक्ति मिनती है।

3. उत्तरदायित्व निश्चित होना।

4. यह संगठन का सरल आधार है क्योंकि नागरिकों को सुविधा प्राप्त करने में आसानी रहती है।

दोष-

1. कर्मचारियों में विभागीकरण की प्रवृत्ति बढ़ती है।

2. छोटे-छोटे कार्यों की उपेक्षा होना।

3. संगठन कार्यों में पुनरावृत्ति होना।

2. प्रक्रिया (Process)-

गुण-

1. विशेषीकरण में वृद्धि होती है।

2. यह आधार मितव्ययी है।

3. संगठन के कार्यों में एकरूपता पायी जाती है।

4. कर्मचारियों को उन्नति के पर्याप्त अवसर प्राप्त होते हैं।

दोष-

1. इसमें उद्‌देश्यों पर कम, साधनों पर अधिक बल दिया जाता है।

2. संगठन में संघर्ष का वातावरण पनपता है।

3. सामान्य कार्यों की उपेक्षा पायी जाती है क्योंकि विशेषज्ञ तकनीकी कार्यों को महत्व देते हैं।

3. व्यक्ति (Person)-

गुण-

1. सेवाओं के बीच समन्वय पाया जाता है।

2. सेवा उपलब्धता कराने वाले कर्मचारी का उत्तरदायित्व सुनिश्चित करता है।

3. संगठन व जनता के मध्य घनिष्ठ सम्बंध पाया जाता है।

4. कर्मचारियों को विभागीय उन्नति के अवसर प्राप्त होना।

दोष-

1. समाज में वर्गीकरण को उजागर करता है। जिससे सामाजिक विखण्डन को बढ़ावा मिलता है।

2. पारस्परिक स्पर्द्धा प्रतिद्वन्द्वता में बदल जाती है।

3. सामाजिक दवाब की प्रवृति बढ़ती है।

4. क्षेत्र (Place)-

गुण-

1. ऐसे संगठनों में समन्वय अधिक पाया जाता है।

2. कार्य में सुविधा रहती है।

3. दूरस्थ क्षेत्रों में प्रशासन संभव रहता है।

दोष-

1. राष्ट्रीय नीति में एकरूपता का अभाव रहता है।

2. क्षेत्रीयता को बढ़ावा मिलता है।

3. श्रम विभाजन व विशेषीकरण का अभाव रहता है।

निष्कर्षतः उपर्युक्त आधारों के अपने अपने गुण-दोष हैं। इनमें से कोई भी एक आधार सार्वभौमिक रूप से लागू नहीं किया जा सकता है।

प्रश्न 3. औपचारिक व अनौपचारिक संगठनों के गुण-दोष बताइए।

उत्तर : औपचारिक व अनौपचारिक संगठनों के गुण-दोष इस प्रकार हैं-

औपचारिक संगठन-

गुण-

1. इसमें उत्तरदायित्व को निर्धारित करना आसान होता है।

2. इसमें कार्यों की पुनरावृत्ति नहीं पायी जाती है।

3. इसमें आदेश की एकता का पालन सुनिश्चित होता है।

4. संगठन में स्थायित्व पाया जाता है।

दोष-

1. आदेश की एकता के पालन से कार्यों में विलम्ब पाया जाता है।

2. इनमें कर्मचारी की पहल क्षमता हतोत्साहित होती है।

3. इस प्रकार के संगठनों में मानवीय संबंधों की उपेक्षा पायी जाती है।

अनौपचारिक संगठन-

गुण-

1. शीघ्र संप्रेषण करना संभव होता है।

2. यह कर्मचारियों की सामाजिक आवश्यकताओं की पूर्ति करता है।

3. यह औपचारिक संगठनों की कमियों को दूर करता है।

4. यह संगठन के कर्मचारियों को एक सूत्र में बाँधता है।

दोष-

1. अनौपचारिक संगठन कई बार अफवाहों का स्थल बन जाता है।

2. यह सदस्यों के हितों के अनुरूप संगठन को संचालित करता है जिससे संगठन के हितों की उपेक्षा होती है।

3. यह अस्थायी प्रकृति का होता है।

4. यह संगठन में परिवर्तनों को रोकता है।

सारांशतः हर मॉडल के अपने गुण-दोष हैं। अतः सफल संगठन के लिए आवश्यक है जहाँ जैसी परिस्थिति वहाँ उसी प्रकार का अपनाया जाना चाहिए।

❑❑

अध्याय-9

समष्टि अभिशासन व निगमित सामाजिक दायित्व

अति लघुत्तरात्मक प्रश्न

प्रश्न 1. कॉर्पोरेट गवर्नेंस/समष्टि शासन क्या है?

उत्तर : कॉर्पोरेट गवर्नेंस निजी क्षेत्र हेतु विकसित एक आचार संहिता है। इसका उद्देश्य है- निजी क्षेत्र में पारदार्शिता, उत्तरदायित्व, भागीदारी व सार्वजनिक हित को सुनिश्चित करना।

प्रश्न 2. समष्टि शासन की प्रमुख विशेषताओं को लिखिए।

उत्तर : 1. शेयरधारकों के हितों का संरक्षण।

2. पेशेवर अभिवृत्ति स्थापित करना।

3. पारदर्शिता व जवाबदेहिता सुनिश्चित करना।

प्रश्न 3. समष्टि शासन के प्रमुख सिद्धांत लिखिए।

उत्तर : 1. शेयरधारकों के साथ एकरूपता का व्यवहार।

2. पारदर्शिता व प्रकटीकरण का सिद्धांत।

3. नैतिक व्यवहार व सच्चरित्रता का सिद्धांत।

4. कानूनों का पालन।

प्रश्न 4. समष्टि शासन के विकास के कारण बताइए।

उत्तर : 1. जवाबदेह निगमित सरकार की स्थापना।

2. खुली अर्थव्यवस्था जनित समस्याएँ।

3. शेयरधारकों के हितों की रक्षा।

4. कॉर्पोरेट भ्रष्टाचार इत्यादि।

प्रश्न 5. समष्टि शासन के महत्व के दो बिन्दु लिखिए।

उत्तर : 1. निगमित क्षेत्र के निष्पादन में सुधार।

2. कॉर्पोरेट जालसाजी तथा धोखाधड़ी को रोकना।

प्रश्न 6. स्टॉक होल्डर्स किसे कहते हैं?

उत्तर : कॉर्पोरेट शासन के संघटकों-शेयरधारक वैंडर, समाज, सरकार, उपभोक्ता, कॉर्पोरेट कर्मचारी को स्टॉक होल्डर्स कहा जाता है।

प्रश्न 7. निगमित सामाजिक उत्तरदायित्व क्या है?

उत्तर : समाज से लाभ कमाने वाले कॉर्पोरेट क्षेत्र द्वारा सामुदायिक हितों को सुनिश्चित करना निगमित सामाजिक उत्तरदायित्व कहलाता है।

प्रश्न 8. व्यावसायिक सामाजिक उत्तरदायित्व के प्रकारों का उल्लेख कीजिए।

उत्तर : 1. आर्थिक उत्तरदायित्व, 2. कानूनी उत्तरदायित्व, 3. नैतिक उत्तरदायित्व, 4. विवेकशील उत्तरदायित्व।

प्रश्न 9. कॉर्पोरेट सामाजिक उत्तरदायित्व के पक्ष में दो तर्क दीजिए।

उत्तर : 1. संस्था के अस्तित्व व विकास हेतु आवश्यक।

2. संसाधनों की उपलब्धता हेतु।

प्रश्न 10. कॉर्पोरेट सामाजिक उत्तरदायित्व के विपक्ष में दो तर्क दीजिए।

उत्तर : 1. सामाजिक दक्षता का अभाव।

2. उपभोक्ताओं पर अधिक भार।

प्रश्न 11. सेबी क्या है?

उत्तर : भारतीय प्रतिभूति व विनिमय बोर्ड (स्थापना 12 अप्रैल 1992) एक वैधानिक संस्था है। इसका उद्देश्य भारतीय स्टॉक निवेशकों के हितों का संरक्षण करना और प्रतिभूति बाजार का नियमन करना है।

प्रश्न 12. कॉर्पोरेट शासन संबंधी दो समस्याएँ बताइए।

उत्तर : 1. निगरानी लागत, 2. लेखांकन जानकारी की आपूर्ति संबंधी समस्या।

प्रश्न 13. सरबेन्स आक्सले अधिनियम क्या है?

उत्तर : यह अमेरिकी कानून है जो कॉर्पोरेट गवर्नेंस से संबंधित है। निवेशकों का संरक्षण, कंपनी के लेखा, निगरानी तंत्र इसके प्रमुख प्रावधान हैं।

प्रश्न 14. नेशनल फाउण्डेशन ऑफ कॉर्पोरेट गवर्नेंस।

उत्तर : यह संस्था 2003 में स्थापित किया। यह कॉर्पोरेट गवर्नेंस सम्बंधी मामलों का विचार-विमर्शकारी तंत्र है।

प्रश्न 15. कॉर्पोरेट गवर्नेंस कॉर्पोरेट सामाजिक उत्तरदायित्व से किस प्रकार भिन्न है?

उत्तर : कॉर्पोरेट गवर्नेंस का केन्द्र बिंदु निवेशक व कंपनी के कर्मचारियों का हित है जबकि कॉर्पोरेट सामाजिक उत्तरदायित्व सामाजिक कल्याण पर फोकस करता है।

लघुत्तरात्मक प्रश्न

प्रश्न 1. समष्टि शासन पर संक्षिप्त नोट लिखिए।

उत्तर : समष्टि शासन तंत्र में वे सभी उपक्रम व तंत्रीय प्रक्रियाएँ शामिल हैं जो शेयरधारकों के प्रति जवाबदेह और किसी उद्यम के संचालन हेतु आवश्यक है। इसका आंतरिक अंग शेयरधारकों, निदेशक मंडलों व विभिन्न हिस्सेदारों से मिलकर बनता है जबकि इसके बाह्य तंत्र में नियमन व्यवस्था, वित्तीय व्यवस्था और प्रतियोगी शामिल होते हैं। यह निवेशकों व कर्मचारी हितों की सुरक्षा करता है। यह लाभ व कल्याण के बीच संतुलन स्थापित करता है।

प्रश्न 2. समष्टि शासन के प्रमुख घटकों को स्पष्ट कीजिए।

उत्तर : 1. समष्टि शासन का प्रमुख घटक सहयोगी निर्णय प्रक्रिया है। उद्यम में लिए जाने वाले निर्णयों में निवेशकों की भागीदारी होनी चाहिए।

2. समष्टि शासन का घटक है- कार्य प्रक्रियाओं में अधिकतम पारदर्शिता होना।

3. निवेशकों व भागीदारों सभी के साथ समान व्यवहार की नीति का पालन किया जाना चाहिए।

4. कंपनी शासन से सम्बंधित कानूनों व नियमों का ईमानदारी से पालन होना चाहिए।

5. कंपनी कारोबार में धोखाधड़ी व भ्रष्टाचार नहीं होना चाहिए।

प्रश्न 3. कार्पोरेट शासन के उद्‌भव के कारणों को परिगणित कीजिए।

उत्तर : 1. कंपनी के निर्णय व कार्यप्रणाली में गोपनीयता का होना।

2. कंपनी द्वारा निदेशकों को आकर्षित करने हेतु तुलन पत्र में हेराफेरी करना।

3. कंपनी द्वारा सामाजिक उत्तरदायित्व की उपेक्षा करना।

4. कंपनियों द्वारा अपनी देनदारियों में हेराफेरी व छुपाना।

प्रश्न 4. कैडबरी कमेटी (2012) की सिफारिशों का उल्लेख कीजिए।

उत्तर : इस कमेटी द्वारा कॉर्पोरेट शासन पर निम्न सिफारिशें प्रस्तुत कीं-

1. कंपनी अध्यक्ष व मुख्य कार्यकारी की स्थिति व शक्ति में स्पष्टत: विभाजन किया जाए।

2. लेखा कमेटी गठित हो इसमें कम-से-कम तीन गैर-कार्यकारी निदेशकों की भागीदारी हो।

3. बोर्ड के गैर-कार्यकारी निदेशक प्रबंधन से सम्बंधित नहीं होने चाहिए।

4. स्वतंत्र गैर-सरकारी निदेशकों की बोर्ड में नियुक्ति की जाए।

5. सभी बड़े निवेश प्रस्ताव कंपनी बोर्ड के अधिकार क्षेत्र में होने चाहिए।

प्रश्न 5. कॉर्पोरेट शासन के प्रमुख सिद्धांतों को स्पष्ट कीजिए।

उत्तर : कॉर्पोरेट शासन के प्रमुख सिद्धांत इस प्रकार हैं-

1. शेयरधारकों के साथ एकरूपता अर्थात् सभी वर्ग के शेयरधारकों के साथ एक समान व्यवहार किया जाना चाहिए। उनके साथ भेदभाव नहीं होना चाहिए।

2. शेयरधारकों के अधिकार का सिद्धांत अर्थात् प्रत्येक शेयरधारकों को सूचना व लाभ में हिस्सेदारी की जानकारी का अधिकार होना चाहिए।

3. उत्तरदायित्व का सिद्धांत अर्थात् निदेशक मंडल की कंपनी व शेयरधारकों के प्रति जवाबदेही व उत्तरदायित्व सुनिश्चित करने की व्यवस्था होनी चाहिए।

4. सहभागिता का सिद्धांत अर्थात् कंपनी के अंतर्गत जो भी निर्णय लिए जाएँ उनमें निदेशकों व हिस्सेदारों की सहभागिता होनी चाहिए।

प्रश्न 6. कॉर्पोरेट शासन के महत्व पर प्रकाश डालिए।

उत्तर : 1. कॉर्पोरेट शासन धोखाधड़ी, जालसाजी व भ्रष्टाचार पर अंकुश लगाता है।

2. यह कंपनियों के कार्य निष्पादन में सुधार सुनिश्चित करता है।

3. यह शेयरधारकों व हिस्सेदारी के हितों की रक्षा करता है।

5. यह कंपनी के अस्तित्व व विकास के लिए आवश्यक है।

प्रश्न 7. कंपनी अधिनियम (2013) में निगमित सामाजिक उत्तरदायित्व की संकल्पना व्यावहारिक रूप लेती है। कैसे? स्पष्ट कीजिए।

उत्तर : कंपनी अधिनियम-2013 में निगमित सामाजिक उत्तरदायित्व संबंधी प्रावधान इस प्रकार हैं-

1. कंपनियों द्वारा कॉर्पोरेट सोशल रिस्पोन्सिबिलिटी कमेटी का गठन करना होगा।

2. कंपनी द्वारा अपने तीन वर्षों के औसत शुद्ध लाभ का न्यूनतम रूप से 2 प्रतिशत सामाजिक कल्याण पर व्यय करना होगा।

3. जो कंपनी निर्धारित प्रतिशत सामाजिक कल्याण पर खर्च नहीं करती हैं। उन्हें स्पष्टीकरण देना होगा।

4. कम से कम एक महिला को निदेशक के रूप में नियुक्त करना होगा।

प्रश्न 8. कॉर्पोरेट सामाजिक उत्तरदायित्व पर प्रकाश डालिए।

उत्तर : कॉर्पोरेट सामाजिक उत्तरदायित्व कॉर्पोरेट गवर्नेंस का व्यावहारिक रूप है। इसका अर्थ है- जो कंपनियाँ समाज से लाभ कमाती हैं; उनको सामाजिक कल्याण हेतु कुछ धनराशि व्यय करनी चाहिए। इसके अलावा व्यावसायिक मानकों का निर्धारण करके उनका पालन भी करना चाहिए।

कॉर्पोरेट सामाजिक दायित्व कंपनियों के अस्तित्व व विकास में सहायक होने के साथ-साथ सरकार का सहयोग पक्ष है। वर्तमान में कई कंपनियाँ- शिक्षा, पर्यावरण, स्वास्थ्य, गरीबी उन्मूलन, स्वच्छता अभियान इत्यादि क्षेत्रों में अपने इस दायित्व का निर्वाह कर रही हैं और सरकार से कर छूट का लाभ ले रही है।

निबंधात्मक प्रश्न

प्रश्न 1. कॉर्पोरेट शासन की अवधारणा को स्पष्ट कीजिए। इसके प्रमुख घटकों का उल्लेख करते हुए इसके महत्व पर प्रकाश डालिए।

उत्तर : समष्टि शासन तंत्र में वे सभी उपक्रम व तंत्रीय प्रक्रियाएँ शामिल हैं जो शेयरधारकों के प्रति जवाबदेह और किसी उद्यम के संचालन हेतु आवश्यक है। इसका आंतरिक अंग शेयरधारकों, निदेशक मंडलों व विभिन्न हिस्सेदारों से मिलकर बनता है जबकि इसके बाह्य तंत्र में नियमन व्यवस्था, वित्तीय व्यवस्था और प्रतियोगी शामिल होते हैं। यह निवेशकों व कर्मचारी हितों की सुरक्षा करता है। यह लाभ व कल्याण के बीच संतुलन स्थापित करता है।

समष्टि शासन के प्रमुख घटक इस प्रकार हैं-

1. समष्टि शासन का प्रमुख घटक सहयोगी निर्णय प्रक्रिया है। उद्यम में लिए जाने वाले निर्णयों में निवेशकों की भागीदारी होनी चाहिए।

2. समष्टि शासन का इसका घटक है- कार्य प्रक्रियाओं में अधिकतम पारदर्शिता होना।

3. निवेशकों व भागीदारों सभी के साथ समान व्यवहार की नीति का पालन किया जाना चाहिए।

4. कंपनी शासन से सम्बंधित कानूनों व नियमों का ईमानदारी से पालन होना चाहिए।

5. कंपनी कारोबार में धोखाधड़ी व भ्रष्टाचार नहीं होना चाहिए।

समष्टि शासन की अवधारणा के द्वारा शासन में धोखाधड़ी, जालसाजी व भ्रष्टाचार पर अंकुश लगाना संभव होता है। साथी कम्पनियों का निष्पादन सुधरता है और कंपनी की जवाबदेहिता एवं उत्तरदायित्व सुनिश्चित होता है।

❑❑

अध्याय-10

लोक प्रबंधन के नये आयाम

अति लघुत्तरात्मक प्रश्न

प्रश्न 1. नव लोक प्रबंधन क्या है?

उत्तर : वह आदर्शात्मक विचारधारा जो लोक प्रशासन में निजी प्रबंध की तकनीकों व विधियों के प्रयोग का समर्थन करती है। यह दक्षता, मितव्ययिता व प्रभावशीलता पर जोर देती है।

प्रश्न 2. नव लोक प्रबंधन की चार विशेषताएँ बताइए।

उत्तर : 1. नीति के स्थान पर निष्पादन मूल्यांकन व कार्यकुशलता पर बल।

2. लोक प्रशासन को मितव्ययी बनाना।
3. लोक नौकरशाही के आकार को कम करना।
4. विकेन्द्रीकरण का समर्थन।

प्रश्न 3. नव लोक प्रबंधन और शास्त्रीय प्रबंधन में अंतर कीजिए।

उत्तर : शास्त्रीय प्रबंधन यह नौकरशाही केन्द्रीय, कठोर व केन्द्रीयकृत होता है।

नव लोक प्रबंधन यह विनौकरशाही केन्द्रित, लचीला व प्रबंध उन्मुखी है।

प्रश्न 4. नव लोक प्रबंधन के उद्भव के दो कारण बताइए।

उत्तर : 1. तकनीकी व विशेषज्ञता में बढ़ोत्तरी होना।

2. लोक संगठनों में बढ़ता भ्रष्टाचार व लालफीताशाही।

प्रश्न 5. गुड गवर्नेंस किसे कहते हैं?

उत्तर : शासन की वह आदर्श स्थिति जिसमें पारदर्शिता, सहभागिता, संवेदनशीलता, जनकल्याण निहित होता है।

प्रश्न 6. गुड गवर्नेंस के प्रमुख लक्षण बताइए।

उत्तर : 1. शासन में अधिकतम पारदर्शिता व प्रकटीकरण।

2. शासन का जवाबदेही व उत्तरदायी होना।

प्रश्न 7. ई-गवर्नेंस क्या है?

उत्तर : शासन प्रक्रिया में सूचना तकनीकी का प्रयोग ही ई-गवर्नेंस है। यह गुड गवर्नेंस के लक्ष्य को पाने की एक नयी प्रविधि है।

प्रश्न 8. ई-गवर्नेंस के महत्व पर प्रकाश डालिए।

उत्तर : 1. शासन में पारदर्शिता व शीघ्र संप्रेषण की प्राप्ति होना।

2. भ्रष्टाचार पर नियंत्रण।

प्रश्न 9. सिटीजन चार्टर क्या है?

उत्तर : यह सेवादाता व ग्राहकों के बीच होने वाला नैतिक समझौता है। इसमें सेवा दाता, सेवा की गुणवत्ता व मानकों तथा सेवा उपलब्धता की अवधि का ब्यौरा होता है।

प्रश्न 10. सिटीजन चार्टर के प्रमुख दो उद्देश्य बताइए।

उत्तर : 1. शासन प्रक्रिया में जनसहयोग प्राप्त करना।

2. शासन तंत्र की प्रतिबद्धता सुनिश्चित करना।

प्रश्न 11. सिटीजन चार्टर के प्रमुख घटक कौन-से हैं?

उत्तर : 1. सेवा मानकों का निर्धारण, 2. शिष्ट व सहयोगी व्यवहार, 3. परामर्श व विकल्प, 4. उचित कीमत, 5. सूचना व पारदर्शिता।

प्रश्न 12. पब्लिक-प्राइवेट-पार्टनरशिप क्या है?

उत्तर : वह संकल्पना जिसमें सामुदायिक सेवाएँ उपलब्ध करवाने में सरकारी क्षेत्र के साथ-साथ निजी क्षेत्र की भूमिका पायी जाती है।

प्रश्न 13. पब्लिक-प्राइवेट-पार्टनरशिप के दो लाभ बताइए।

उत्तर : 1. लोक संगठन को आवश्यक संसाधन व तकनीकी विशेषज्ञता की उपलब्धता सुनिश्चित होना।

2. गैर निष्पादन पूँजी से मुक्ति।

प्रश्न 14. सिविल सोसायटी क्या है?

उत्तर : यह राज्योत्तर संगठनों का समूह है। इसमें कुटुम्ब व जाति आधारित संगठन, दबाव समूह आदि शामिल होते हैं। अनौपचारिकता व जन सहभागिता इनकी कार्यगत विशेषताएँ हैं।

प्रश्न 15. सिविल सोसायटी भारत में अभी शिशु अवस्था में है। इसने विकास हेतु आप कौन-से दो सुझाव देना चाहेंगे?

उत्तर : 1. सिविल सोसायटी की क्रियाओं को सोशल ऑडिट के अधीन लाया जाए।

2. स्व-हित पूर्ति में संलग्न इन संस्थाओं के रजिस्ट्रेशन शीघ्र रद्द किये जाएँ।

प्रश्न 16. ई-गवर्नेंस संबंधी दो समस्याएँ बताइए।

उत्तर : 1. जवाबदेहिता का अभाव।

2. राजनीतिक मूल्यों में गिरावट व राजनीति व प्रशासन का गठजोड़।

प्रश्न 17. सूचना का अधिकार से क्या तात्पर्य है?

उत्तर : लोक संगठनों द्वारा किये जा रहे कार्यों व उनके कार्य की प्रक्रियाओं तक सामान्य जनता की पहुँच सुनिश्चित कराना सूचना का अधिकार है। भारत में यह अधिकार वैधानिक अधिकार है जो 12 अक्टूबर, 2005 से लागू है।

प्रश्न 18. सूचना के अधिकार के महत्व पर प्रकाश डालिए।

उत्तर : 1. शासन तंत्र में पारदर्शिता का समावेश।

2. लालफीताशाही व भ्रष्टाचार पर अंकुश।

प्रश्न 19. नव लोक प्रबंधन के प्रमुख नवीन आयामों का उल्लेख कीजिए।

उत्तर : 1. सूचना का अधिकार, 2. सिविल सोसायटी, 3. नागरिक चार्टर, 4. गुड गवर्नेंस।

प्रश्न 20. सूचना के अधिकार-2005 की दो प्रमुख विशेषताएँ बताइए।

उत्तर : 1. बी.पी.एल. परिवारों को निःशुल्क सूचना उपलब्ध कराना।

2. केन्द्रीय व राज्य स्तरीय सूचना आयोगों की स्थापना करना।

प्रश्न 21. राजस्थान में जन सुनवाई का अधिकार अधिनियम व राजस्थान लोक सेवा गारंटी सेवाओं के प्रदान करने की गारंटी अधिनियम कब लागू हुए?

उत्तर : दोनों अधिनियम क्रमशः अगस्त 2012 तथा 29 अगस्त, 2011 से लागू हैं।

प्रश्न 22. नव लोक प्रबंधन के सैद्धांतिक घटकों का उल्लेख कीजिए।

उत्तर : 1. प्रबंधकीय स्वायत्तता, 2. परिणामों पर जोर, 3. प्रतियोगिता, 4. संगठनों का आकार छोटा करना, 5. कार्य मानकों का निर्धारण।

प्रश्न 23. स्मार्ट गवर्नमेंट (SMART GOVT.)

उत्तर : सरल, नैतिक जवाबदेही, उत्तरदायी व पारदर्शी (Simple, Morale, Accountable, Responsive & Transparent) शासन ही स्मार्ट सरकार है।

लघुत्तरात्मक प्रश्न

प्रश्न 1. नव लोक प्रबंधन का अर्थ व विशेषताएँ लिखिए।

उत्तर : वह आदर्शात्मक विचारधारा जो लोक प्रशासन में निजी प्रबंध की तकनीकों व विधियों के प्रयोग का समर्थन करती है। यह दक्षता, मितव्ययिता व प्रभावशीलता पर जोर देती है।

नव लोक प्रबंधन की प्रमुख विशेषताएँ इस प्रकार हैं-

1. नीति के स्थान पर निष्पादन मूल्यांकन व कार्यकुशलता पर ध्यान केन्द्रित किया जाना चाहिए।

2. लोक नौकरशाही का ऐसे अभिकरणों में विघटन हो जो ठेके पर कार्य करते हैं।

3. लोक प्रशासन में लागत व्यय को कम किया जाए और मितव्ययी बनाया जाए।

4. ठेका प्रणाली से प्रतिस्पर्धा को बढ़ावा दिया जाना चाहिए।

प्रश्न 2. नव लोक प्रबंधन के प्रमुख सैद्धांतिक घटकों पर प्रकाश डालिए।

उत्तर : 1. **प्रबंधकीय स्वायत्तता**- प्रबंधकों को अधिकाधिक स्वायत्तता प्रदान की जानी चाहिए।

2. **कार्य निष्पादन के मानक**- कार्य निष्पादन के स्पष्ट मानक व तरीके काम में लिए जाने चाहिए।

3. **संगठनों की छटाई**- संगठन के सोपानों को कम किया जाए और उसे छोटे व सपाट संगठन का रूप दिया जाना चाहिए।

4. **प्रतिस्पर्धा**- प्रशासन में प्रतिस्पर्धा को अधिकाधिक बढ़ावा दिया जाना चाहिए।

5. **परिणामों पर जोर**- लोक प्रशासन में कार्य नियमों व प्रक्रियाओं के स्थान पर परिणामों पर बल दिया जाना चाहिए।

प्रश्न 3. नव लोक प्रबंधन के विकास के कारणों को लिखिए।

उत्तर : 1. सार्वजनिक क्षेत्र के बढ़ते व्यय ने कार्यक्रमों में कटौती व कुशलता में वृद्धि पर दवाब बढ़ाया।

2. बढ़ता तकनीकी नवाचार विशेषकर सूचना तकनीक में विकास।

3. भूमण्डलीकरण व बढ़ती प्रतिस्पर्धा ने भी नव लोक प्रबंधन के लिए आधार दिया।

4. प्रतियोगी वातावरण जिसमें लोग गुणवत्तापूर्ण सेवाओं की चाह करने लगे।

5. कुप्रबंध, भ्रष्टाचार, अकुशलता इत्यादि कारणों ने नव लोक प्रबंधन के विकास में योगदान दिया है।

प्रश्न 4. गुड गवर्नेंस का अर्थ स्पष्ट करते हुए इसकी विशेषताओं का उल्लेख कीजिए।

उत्तर : शासन की वह आदर्शतम स्थिति जिसमें पारदर्शिता, सहभागिता, संवेदनशीलता, जनकल्याण निहित होता है। यह शब्द आधुनिक समय में विश्व बैंक रिपोर्ट-1992 से चर्चित हुआ है।

गुड गवर्नेंस की प्रमुख विशेषताएँ इस प्रकार हैं-

1. शासन कार्य में जनता की प्रत्यक्ष या अप्रत्यक्ष जन भागीदारी होना।

2. नियमों व विनियमों का पालन करते हुए निर्णय लेना व उसे लागू करना तथा निर्णयन प्रक्रिया में पारदर्शिता को सुनिश्चित करना।

3. बिना किसी भेदभाव के सेवा उपलब्ध करवाना।

4. योजनाओं का क्रियान्वयन लागत प्रभावी होना चाहिए।

5. शासन कार्य में जवाबदेहिता व मानवोन्मुखता को स्थापित किया जाना चाहिए।

प्रश्न 5. सिविल सोसायटी की प्रमुख विशेषताएँ लिखिए।

उत्तर : 1. सिविल सोसायटी राज्य से बाहर की संस्थाओं का समूह है।

2. समाज में नैतिकता व सहयोग की भावना विकसित करना इनका लक्षण है।

3. ये समाज में लोकतांत्रिक मूल्यों की स्थापना करते हैं और मानवाधिकारों के प्रसार के लिए प्रवास करते हैं।

4. इनकी कार्यशैली अनौपचारिक तरीके की होती है।

5. ये सरकार की केन्द्रीय स्थिति के स्थान पर बहुल संगठनों का समर्थन करते हैं।

प्रश्न 6. सिविल सोसायटी की भूमिका को संक्षिप्त में विवेचित कीजिए।

उत्तर : 1. समाज में राजनीतिक, सामाजिक व प्रशासनिक चेतना उत्पन्न करना।

2. प्रशासनिक नीतियों, कानूनों व योजनाओं में लोगों की सहभागिता बढ़ाना।

3. राज्य व बाजार के निरंकुश व्यवहार पर नियंत्रण रखना।

4. नागरिकों में मौलिक कर्त्तव्यों के प्रति चेतना उत्पन्न करना।

5. सूचना की प्राप्ति व प्रसारण को अधिकार के रूप में स्थापित करने का प्रयास करना।

उल्लेखनीय है कि सूचना का अधिकार का मिलना सिविल सोसाइटी (MKKS-अरुणा रॉय) की भूमिका को स्पष्ट करता है।

प्रश्न 7. सिटीजन चार्टर क्या है? सिटीजन चार्टर के प्रमुख दार्शनिक आधारों का उल्लेख कीजिए।

उत्तर : यह सेवा प्रदाता व ग्राहकों के बीच होने वाला नैतिक समझौता है। इसमें सेवाप्रदाता, सेवा की गुणवत्ता व कीमत, मानकों एवं सेवा उपलब्धता की अवधि इत्यादि बातों का ब्यौरा होता है। सिटीजन चार्टर की पीछे कोई कानूनी बाध्यता नहीं होती है।

सिटीजन चार्टर के प्रमुख दार्शनिक आधार निम्न हैं-

1. सेवा मानकों को सुनिश्चित करना।
2. शिष्ट व सहयोगी व्यवहार।
3. परामर्श व विकल्प।
4. समुचित ढंग से सेवा उपलब्ध करवाना।
5. सेवा की उचित कीमत।
6. सूचना व पारदर्शिता।

प्रश्न 8. सिटीजन चार्टर के प्रमुख उद्देश्यों को संक्षिप्त में लिखिए।

उत्तर : 1. सिटीजन चार्टर का प्रमुख उद्देश्य प्रशासनिक संगठन की सेवाओं की गुणवत्ता में सुधार लाना है।

2. प्रशासन को संवेदशील व उत्तरदायी बनाना।

3. प्रशासनिक प्रक्रिया में जनसहभागिता को सुनिश्चित करके प्रशासन तंत्र को लोकतांत्रिक बनाना।

4. शासन तंत्र में पारदर्शिता व खुलापन लाना।

5. संसाधनों का अधिकतम उपयोग करके संगठन की दक्षता व कुशलता बढ़ाना।

प्रश्न 9. सिटीजन चार्टर भारत में अभी शिशु अवस्था में है। इनके विकास हेतु आप कौन-से सुझाव देना चाहेंगे?

उत्तर : 1. सिटीजन चार्टरों का जनमानस में प्रचार-प्रसार किया जाए और जनता को इनकी उपयोगिता बतायी जाए।

2. सिटीजन चार्टर का गठन करते समय सिविल सोसाइटी की भूमिका सुनिश्चित की जाए।

3. सिटीजन चार्टर का क्रियान्वयन करने वालों के प्रोत्साहनों की व्यवस्था की जाए।

4. सिटीजन चार्टर में प्रकाशित किये जाएँ।

5. सिटीजन चार्टरों के क्रियान्वयन के उपरांत उनकी समीक्षा की जाए और कमियों को दूर किया जाए।

प्रश्न 10. राजस्थान जन सुनवाई का अधिकार अधिनियम का संक्षिप्त में वर्णन कीजिए।

उत्तर : यह अधिनियम राजस्थान सरकार द्वारा अगस्त 2012 से लागू किया गया। इसका उद्देश्य है- जनता की समस्याओं का निर्धारित समय में समाधान करना। इसमें समस्या के निस्तारण हेतु प्रत्येक संस्था में एक लोक सुनवाई अधिकारी का पद सृजित किया गया है।

यह जनता की समस्याओं को प्राप्त करता है। और इन समस्याओं को निर्धारित 15 दिन में हल करने के लिए यह कानूनी रूप से बाध्य है। यदि लोक अधिकारी सुनवाई नहीं करता है तो इसके खिलाफ अपीलीय व्यवस्था का प्रावधान इस अधिनियम में किया गया है। इस पर समस्या का समुचित ढंग से हल न करने पर आर्थिक जुर्माना (500 रुपये से 5000 तक) व अनुशासनात्मक कार्यवाही किये जाने का प्रावधान भी है।

प्रश्न 11. राजस्थान लोक सेवा गारंटी सेवा अधिनियम की संक्षिप्त में विवेचना कीजिए।

उत्तर : राज्य सरकार द्वारा यह अधिनियम 29 अगस्त 2011 से लागू किया गया है। इस अधिनियम का उद्देश्य है। भ्रष्टाचार पर नियंत्रण व निर्धारित अवधि में जनता को सेवा उपलब्ध करवाना। इस अधिनियम के दायरे में 15 विभागों (53 विषयों से संबंधित 108 सेवाओं) को शामिल किया गया है। यदि कोई कर्मचारी निर्धारित समय में सेवा उपलब्ध नहीं करवाता है तो उस पर आर्थिक जुर्माना लगाने का प्रावधान है। यह आर्थिक जुर्माना 500 रुपये से लेकर 5000 रुपये तक है। साथ ही आवश्यक विलम्ब के साथ सेवा उपलब्ध करवाता है तो प्रतिदिन 200 रुपये जो अधिकतम रुपये से 5000 रुपये है, का आर्थिक जुर्माना लगाने का प्रावधान भी रखा गया है।

प्रश्न 12. पब्लिक-प्राइवेट-पार्टनरशिप मॉडल की उपयोगिता को स्पष्ट कीजिए।

उत्तर : 1. सरकार पर कार्यबोझ कम होता है और सरकार कानून व्यवस्था जैसे महत्वपूर्ण विषयों पर अधिक ध्यान देने में सक्षम होती है।

2. निर्माण परियोजनाओं का शीघ्रता, कुशलता, गुणवत्ता के साथ संचालन करने में मदद मिलती है।

3. इस मॉडल को अपनाने से गैर निष्पादनीय पूँजी की समस्या से मुक्ति मिलती है।

4. जनता को उच्चस्तरीय उत्पाद व सेवाएँ प्राप्त होती हैं।

5. यह शासन तंत्र में परम्परागत कार्य संस्कृति के स्थान पर नवीन तकनीक से युक्त कार्य संस्कृति को स्थापित करती है। जैसे- सड़क निर्माण में EPC (Engineering, Procurement, Construction) के स्थान पर BOT (Build, Operate, Transfer) को अपनाना।

प्रश्न 13. पब्लिक-प्राइवेट-पार्टनरशिप मॉडल की प्रमुख आलोचनाएँ बताइए।

उत्तर : 1. सरकारी व निजी क्षेत्र की संयुक्त भागीदारी से दोनों की कमियों का परियोजना पर प्रभाव पड़ने से कई बार परियोजना विफल हो जाती है।

2. ठेका प्रणाली में न्यूनतम दर वाले निविदा-दाता को ठेका देने से कार्य की गुणवत्ता प्रभावित होती है।

3. निजी क्षेत्र द्वारा प्रस्तुत की जाने वाली व्यापक परियोजना (DPR) को कई बार नौकरशाही समझ नहीं पाती क्योंकि सरकारी क्षेत्र में प्रायः वाणिज्यिक सोच का अभाव पाया जाता है।

4. कंपनियों द्वारा श्रमिकों को न्यूनतम मजदूरी दी जाती है जो उनका आर्थिक शोषण का माध्यम बनता है।

5. पब्लिक-प्राइवेट पार्टनरशिप मॉडल से सरकार को राजस्व की हानि भी होती है।

प्रश्न 14. ई-गवर्नेंस क्या है? इसके महत्व पर संक्षिप्त में प्रकाश डालिए।

उत्तर : शासन प्रक्रिया में सूचना तकनीक का प्रयोग ही ई-गवर्नेंस है। यह गुड गवर्नेंस के लक्ष्य को पाने की एक नयी प्रविधि है।

इसका महत्व इस प्रकार है-

1. ई-गवर्नेंस से शासन तंत्र में शीघ्र निर्णय लेना संभव होता है।

2. शासन कार्यों में प्रभावी नियंत्रण व नियोजन, पारदर्शिता, जनसहभागिता व मितव्ययिता की प्राप्ति होती है।

3. शासन कार्य में विकेन्द्रीकरण की संकल्पना साकार होती है।

4. वैश्विक अर्थव्यवस्था में लिए गये आर्थिक निर्णयों को जानकारी मिलती है, जिससे देश के आर्थिक प्रशासन को लाभ मिलता है।

5. ग्राहकोन्मुखी प्रशासन के लक्ष्य को प्राप्त करने में मदद मिलती है।

प्रश्न 15. गुड गवर्नेंस की दिशा में हुए प्रमुख प्रयासों को बताइए।

उत्तर : 1. केन्द्रीय व प्रांतीय मंत्रिपरिषद् के सदस्यों व अधिकारियों द्वारा निजी सम्पत्ति की घोषणा करना।

2. मानवाधिकार आयोगों, सूचना आयोगों, महिला आयोगों का गठन।

3. त्वरित न्याय के लिए फास्ट ट्रैक अदालतों का गठन।

4. नवीन प्रबंध तकनीकों- निष्पादन बजट, शून्य आधारित बजट, उद्देश्यों द्वारा प्रबंध अपनाया गया है।

5. अन्य प्रयासों में है- राष्ट्रीय स्मार्ट शासन संस्थान (हैदराबाद) की स्थापना, लोक सेवा गारंटी व जन सुनवाई कानूनों की शुरुआत, निष्पादन निगरानी व मूल्यांकन व्यवस्था, एम. प्रशासन इत्यादि।

णिषंधात्मक प्रश्न

प्रश्न 1. नव लोक प्रबंधन क्या है? इसकी प्रमुख विशेषताओं का उल्लेख करते हुए आलोचनात्मक मूल्यांकन कीजिए।

उत्तर : 90 के दशक में नव लोक प्रशासन के प्रबंधोन्मुखी व वैश्विक परिप्रेक्ष्य में बदलते रूप में नव लोक प्रबंधन का उदय हुआ। आर्सबोर व गेबलर इस विचारधारा के प्रमुख समर्थक हैं।

नव लोक प्रबंधन वह आदर्शात्मक विचारधारा है जो लोक प्रशासन में निजी प्रबंध की तकनीकों व विधियों के प्रयोग का समर्थन करती है। यह दक्षता, मितव्ययिता व प्रभावशीलता पर जोर देती है।

नव लोक प्रबंधन की प्रमुख विशेषताएँ इस प्रकार हैं-

1. नीति के स्थान पर निष्पादन मूल्यांकन व कार्यकुशलता पर ध्यान केन्द्रित किया जाना चाहिए।

2. लोक नौकरशाही का ऐसे अभिकरणों में विघटन हो जो ठेके पर कार्य करते हैं।

3. लोक प्रशासन में लागत व्यय को कम किया जाए और मितव्ययी बनाया जाए।

4. ठेका प्रणाली से प्रतिस्पर्धा को बढ़ावा दिया जाना चाहिए।

यह विचारधारा उत्प्रेरण सरकार, मिशन संचालित सरकार पर बल देती है और प्रशासन को पारदर्शी, लोचशील, जनोन्मुखी व परिणामोन्मुखी बनाना चाहती है लेकिन इसकी कुछ सीमाएँ भी हैं-

1. यह लोक उत्तरदायित्व की कीमत पर प्रबंधकीय स्वायत्तता पर बल देती है।
2. यह विकसित देशों की संकल्पना है जिसे विकासशील देशों पर थोपा जा रहा है।
3. यह राजनीतिक तत्वों व सुधारों पर ध्यान नहीं देती है।
4. इस विचारधारा ने राजनीतिक-प्रशासन द्विविभाजन को पुनः जन्म दिया है।

उपर्युक्त आलोचनाओं के बावजूद इस विचारधारा ने लोक प्रशासन को एक नया आयाम दिया है और वैश्वीकरण के युग में यह विचारधारा सामाजिक-आर्थिक परिवर्तनों को लाने में सक्षम है?

प्रश्न 2. सुशासन क्या है? इसकी विशेषताओं का उल्लेख कीजिए। भारत में सुशासन संबंधी प्रमुख समस्याओं को भी लिखिए।

उत्तर : शासन की वह आदर्शतम स्थिति जिसमें पारदर्शिता, सहभागिता, संवेदनशीलता, जनकल्याण निहित होता है। यह शब्द आधुनिक समय में विश्व बैंक रिपोर्ट-1992 से चर्चित हुआ है।

गुड गवर्नेंस की प्रमुख विशेषताएँ इस प्रकार हैं-

1. शासन कार्य में जनता की प्रत्यक्ष या अप्रत्यक्ष जन भागीदारी होना।
2. नियमों व विनियमों का पालन करते हुए निर्णय लेना व उसे लागू करना तथा निर्णयन प्रक्रिया में पारदर्शिता को सुनिश्चित करना।
3. बिना किसी भेदभाव के सेवा उपलब्ध करवाना।
4. योजनाओं का क्रियान्वयन लागत प्रभावी होना चाहिए।
5. शासन कार्य में जवाबदेहिता व मानवोन्मुखता को स्थापित किया जाना चाहिए।

सुशासन का उद्देश्य संवेदनशील, जनकेन्द्रित, पारदर्शी, जवाबदेही व सहभागी शासन स्थापित करना है लेकिन भारत में सुशासन के मार्ग में निम्न समस्याएँ हैं-

1. प्रशासन व्यवस्था में अत्यधिक गोपनीयता।
2. प्रशासकों का जनता के साथ अभिजनवादी व संवेदनहीन व्यवहार।
3. प्रशासन तंत्र में लालफीताशाही की प्रवृत्ति।
4. नागरिकों की अशिक्षा व अज्ञानता।

उपर्युक्त कमियों को दूर करके सुशासन के लक्ष्य को प्राप्त करना समय की मांग है। अतः मानवाधिकारों के संरक्षण को बढ़ावा दिया जाए। शासन में सत्यनिष्ठता व ईमानदारी को सुनिश्चित करना होगा। सिविल सोसाइटी, सिटीजन चार्टर व सूचना का अधिकार इत्यादि को अपनाकर गुड गवर्नेंस को साकारित किया जाना चाहिए।

प्रश्न 3. नागरिक घोषणा पत्र क्या है? इसके प्रमुख दार्शनिक आधारों का उल्लेख करते हुए इसकी भूमिका पर संक्षिप्त टिप्पणी कीजिए।

उत्तर : यह सेवा प्रदाता व ग्राहकों के बीच होने वाला नैतिक समझौता है। इसमें सेवाप्रदाता, सेवा की गुणवत्ता व कीमत, मानकों एवं सेवा उपलब्धता की अवधि इत्यादि बातों का ब्यौरा होता है। सिटीजन चार्टर की पीछे कोई कानूनी बाध्यता नहीं होती है।

सिटीजन चार्टर के प्रमुख दार्शनिक आधार निम्न हैं-

1. सेवा मानकों को सुनिश्चित करना।
2. शिष्ट व सहयोगी व्यवहार।
3. परामर्श व विकल्प।
4. समुचित ढंग से सेवा उपलब्ध करवाना।
5. सेवा की उचित कीमत।
6. सूचना व पारदर्शिता।

सिटीजन चार्टर के उद्देश्य इस प्रकार हैं-

1. सिटीजन चार्टर का प्रमुख उद्देश्य प्रशासनिक संगठन की सेवाओं की गुणवत्ता में सुधार लाना है।
2. प्रशासन को संवेदशील व उत्तरदायी बनाना।
3. प्रशासनिक प्रक्रिया में जनसहभागिता को सुनिश्चित करके प्रशासन तंत्र को लोकतांत्रिक बनाना।
4. शासन तंत्र में पारदर्शिता व खुलापन लाना।
5. संसाधनों का अधिकतम उपयोग करके संगठन की दक्षता व कुशलता बढ़ाना।

भारत में नागरिकों में जागरूकता की कमी, उपर्युक्त मानव संसाधन विकास का कमी, बिना जन सहभागिता के नागरिक चार्टरों का निर्माण इत्यादि कारकों से यह अवधारणा अभी शिशु अवस्था में है। अत: सिटीजन चार्टरों की संकल्पना को मजबूत बनाना होगा। इसके लिए निम्न सुझाव उपयोगी हैं-

1. सिटीजन चार्टरों का जनमानस में प्रचार-प्रसार किया जाए और जनता को इनकी उपयोगिता बतायी जाए।
2. सिटीजन चार्टर का गठन करते समय सिविल सोसाइटी की भूमिका सुनिश्चित की जाए।
3. सिटीजन चार्टर का क्रियान्वयन करने वालों की प्रोत्साहनों की व्यवस्था की जाए।
4. सिटीजन चार्टर में प्रकाशित किये जाएँ।
5. सिटीजन चार्टरों के क्रियान्वयन के उपरांत उनकी समीक्षा की जाए और कमियों को दूर किया जाए।

प्रश्न 4. सिविल सोसायटी की अवधारणा को स्पष्ट करते हुए इसकी भूमिका की आलोचनात्मक विवेचना कीजिए?

उत्तर : यह राज्येतर संस्थाओं का समूह है। इसमें कुटुम्ब, जाति आधारित संगठन, दबाव समूह इत्यादि शामिल होते हैं। अनौपचारिकता व जन सहभागिता इनकी कार्यगत विशेषताएँ हैं।

1. सिविल सोसायटी राज्य से बाहर की संस्थाओं का समूह है।

2. समाज में नैतिकता व सहयोग की भावना विकसित करना इनका लक्षण है।

3. ये समाज में लोकतांत्रिक मूल्यों की स्थापना करते हैं और मानवाधिकारों के प्रसार के लिए प्रवास करते हैं।

4. इनकी कार्यशैली अनौपचारिक तरीके की होती है।

5. ये सरकार की केन्द्रीय स्थिति के स्थान पर बहुल संगठनों का समर्थन करते हैं।

सिविल सोसाइटी की भूमिका इस प्रकार है-

1. समाज में राजनीतिक, सामाजिक व प्रशासनिक चेतना उत्पन्न करना।

2. प्रशासनिक नीतियों, कानूनों व योजनाओं में लोगों की सहभागगिता बढ़ाना।

3. राज्य व बाजार के निरंकुश व्यवहार पर नियंत्रण रखना।

4. नागरिकों में मौलिक कर्त्तव्यों के प्रति चेतना उत्पन्न करना।

5. सूचना की प्राप्ति व प्रसारण को अधिकार के रूप में स्थापित करने का प्रयास करना। उल्लेखनीय है कि सूचना का अधिकार का मिलना सिविल सोसाइटी (MKKS-अरुणा रॉय) की भूमिका को स्पष्ट करता है।

सिविल सोसाइटी की उपर्युक्त भूमिका के बावजूद इसकी कुछ सीमाएँ हैं-

1. पर्याप्त आर्थिक संसाधनों की कमी।

2. नौकरशाही द्वारा इनको समुचित सहयोग नहीं देना।

3. सिविल सोसाइटी को राजनीतिक हस्तक्षेप का सामना करना इत्यादि।

उपर्युक्त कमियों को दूर करके सिविल सोसाइटी की संकल्पना को मजबूत किया जाए और गुड गवर्नेंस के आदर्श को साकारित किया जाए।

□□

अध्याय-11

परिवर्तन का प्रबंधन

अति लघुत्तरात्मक प्रश्न

प्रश्न 1. परिवर्तन प्रबंध क्या है?

उत्तर : परिवर्तन प्रबंध एक सुनियोजित प्रक्रिया है जिसमें संगठन से सम्बंधित परिवर्तनों का अध्ययन-विश्लेषण किया जाता है। और रुकावटों को दूर करने हेतु आवश्यक परिवर्तन किये जाते हैं।

प्रश्न 2. परिवर्तन प्रबंध के प्रमुख उद्देश्य बताइए।

उत्तर : 1. संगठन के निष्पादन में सुधार लाना।

2. ग्राहकों की आवश्यकताओं व अपेक्षाओं की पूर्ति करना।

प्रश्न 3. परिवर्तनों का प्रतिरोध कर्मचारी क्यों करते हैं?

उत्तर : 1. अधिकार व शक्ति छीन जाने का डर।

2. कर्मचारियों में उपयुक्त क्षमता की कमी।

प्रश्न 4. परिवर्तन प्रबंध की दो विशेषताएँ लिखिए।

उत्तर : 1. यह एक निरन्तर व गतिशील प्रक्रिया है।

2. इसमें संस्थागत परिवर्तन करना व उनको क्रियान्वित करना सम्मिलित है।

प्रश्न 5. परिवर्तन प्रबंध के प्रमुख प्रतिमानों का उल्लेख कीजिए।

उत्तर : 1. चिकित्सा प्रतिमान, 2. रोगी चिकित्सक प्रतिमान, 3. प्रक्रिया प्रतिमान, 4. अभियांत्रिकी प्रतिमान।

प्रश्न 6. नियोजित परिवर्तन क्या है?

उत्तर : संगठन की प्रवर्तित व्यवस्था में सोच-समझकर बदलाव लाना ही नियोजित परिवर्तन है।

प्रश्न 7. परिवर्तन प्रतिरोध को रोकने हेतु आप कौन-से दो सुझाव देना चाहेंगे।

उत्तर : 1. कर्मचारियों की सहभागिता व सहमति से परिवर्तन निर्णय लिए जाएँ।

2. परिवर्तनों के क्रियान्वयनकर्त्ताओं को समुचित रूप से प्रशिक्षित किया जाए।

लघुत्तरात्मक प्रश्न

प्रश्न 1. परिवर्तन प्रबंध का अर्थ स्पष्ट करते हुए इसके प्रमुख उद्देश्य बताइए।

उत्तर : परिवर्तन प्रबंध एक सुनियोजित प्रक्रिया है जिसमें संगठन से संबंधित परितर्वनों का अध्ययन विश्लेषण किया जाता है और रुकावटों को दूर करने हेतु आवश्यक परिवर्तन किये जाते हैं।

परिवर्तन प्रबंध के प्रमुख उद्देश्य बताइए-

1. संगठन के बाहरी पर्यावरण से अनुकूलन सुनिश्चित करना।
2. संगठन संरचना व कर्मचारियों के बीच सामंजस्य स्थापित करना।
3. बदलती परिस्थितियों के संदर्भ में नवीन तकनीक को अपनाना।
4. संगठन के समग्र निष्पादन में सुधार लाना।
5. कर्मचारियों में अनुकूलन क्षमता स्थापित करना।

प्रश्न 2. परिवर्तन प्रबंध की प्रक्रिया बताइए।

उत्तर : परिवर्तन प्रबंध की प्रक्रिया के चरण क्रमशः निम्न हैं-

1. सर्वप्रथम उन कारणों की पहचान करना जो परिवर्तन चाहते हैं।
2. परिवर्तन की आवश्यकता व उपादेयता का विश्लेषण करना।
3. समस्या का विश्लेषण करना और समाधान विकल्प तलाशना।
4. परिवर्तन की योजना बनाना।
5. संगठन में आवश्यक परिवर्तन (संरचनात्मक, तकनीकी) करना।
6. परिवर्तनों को क्रियान्वित करना और उनका मूल्यांकन करना।

प्रश्न 3. परिवर्तन प्रबंध के प्रमुख प्रतिमानों पर संक्षिप्त में प्रकाश डालिए।

उत्तर : 1. **चिकित्सा प्रतिमान-** इसमें परिवर्तन अभिकर्त्ता केवल परामर्श देता है और अंतिम समाधान का निर्णय प्रबंध को लेना होता है।

2. **अभियांत्रिकी प्रतिमान-** इसमें प्रबंध समस्या का विश्लेषण करता है और परिवर्तन अभिकर्त्ता उपाय या सुझाव सुझाता है।

3. **प्रक्रिया प्रतिमान-** इसमें प्रबंध व परिवर्तन अभिकर्त्ता मिलकर निदान, चयन, क्रियान्वयन व मूल्यांकन कार्य करते हैं।

प्रश्न 4. परिवर्तन प्रबंध की आवश्यकता के कारणों को परिगणित कीजिए।

उत्तर : 1. ग्राहकों की रुचियों व आवश्यकताओं में परिवर्तन होना।

2. संगठन में शीघ्र निर्णयन लेने और पारदर्शिता लाने हेतु परितर्वन जरूरी है।

3. बाजार में बढ़ती प्रतियोगिता के वातावरण में संगठन को बनाये रखना।

4. बढ़ती विशेषज्ञता व तकनीकी नवाचार के प्रयोग को सुनिश्चित करने हेतु।

5. कर्मचारियों के अधिकार व दायित्वों में असंतुलन की स्थिति।

प्रश्न 5. परिवर्तन प्रबंध के प्रमुख लक्षण बताइए।

उत्तर : 1. यह सुनियोजित व व्यवस्थित प्रक्रिया होती है।

2. यह सतत रूप से चलने वाली गतिशील प्रक्रिया है।

3. परिवर्तन में कई प्रकार के परिवर्तन निहित होते हैं- संरचना संबंधी, प्रक्रिया संबंधी आदि।

4. परिवर्तन प्रबंध वर्तमान स्थिति से आगे की स्थिति तक आना है।

5. परिवर्तन प्रबंध में वर्तमान व भूत का अध्ययन करके भविष्य की दूरदर्शिता निहित होती है।

निबंधात्मक प्रश्न

प्रश्न 1. परिवर्तन प्रबंधन की अवधारणा को स्पष्ट कीजिए? परिवर्तनों के प्रतिरोध के कारण व निवारण की चर्चा कीजिए।

उत्तर : परिवर्तन प्रबंध एक सुनियोजित प्रक्रिया है जिसमें संगठन से संबंधित परितर्वनों का अध्ययन विश्लेषण किया जाता है और रुकावटों को दूर करने हेतु आवश्यक परिवर्तन किये जाते हैं।

परिवर्तन प्रबंध के प्रमुख उद्देश्य निम्न हैं-

1. संगठन के बाहरी पर्यावरण से अनुकूलन सुनिश्चित करना।
2. संगठन संरचना व कर्मचारियों के बीच सामंजस्य स्थापित करना।
3. बदलती परिस्थितियों के संदर्भ में नवीन तकनीक को अपनाना।
4. संगठन के समग्र निष्पादन में सुधार लाना।
5. कर्मचारियों में अनुकूलन क्षमता स्थापित करना।

परिवर्तनों का प्रतिरोध निम्न कारणों से किया जाता है-

1. कर्मचारियों द्वारा संभावित आर्थिक हानि को लेकर प्रतिरोध किया जाता है।
2. नवीन व्यवस्था से कर्मचारियों का मनोविज्ञान नकारात्मक रूप से प्रभावित होता है। क्योंकि वे पुरानी व्यवस्था के आदी होते हैं।
3. परिवर्तन कठोर व गहन नियंत्रण को स्थापित करते हैं।
4. कर्मचारियों की शक्ति व अधिकार छिन जाने का डर।

परिवर्तनों के प्रतिरोध को कम करने हेतु निम्न उपाय अमल में लाये जा सकते हैं-

1. सर्वप्रथम संगठन में उदार, प्रभावशाली व लोकतांत्रिक नेतृत्व सुनिश्चित हो।
2. कर्मचारी संगठनों से विचार-विमर्श के बाद ही परिवर्तन लाए जाएँ।
3. संगठन में परिवर्तन क्रमिक रूप से लाये जाएँ।
4. परिवर्तन संगठन व कर्मचारियों की क्षमता के अनुपात में हों।

उपर्युक्त सुझावों द्वारा परिवर्तन प्रतिरोध को कम करने हेतु परिवर्तन प्रबंध किया जाए और संगठन की कार्यकुशलता व दक्षता को सुनिश्चित किया जाए।

❑❑

अध्याय-12

लोक सेवा के आधारभूत मूल्य व अभिवृत्तिः सत्यनिष्ठा, निष्पक्षता, गैर पक्षधरता व लोक सेवा के प्रति समर्पण

अति लघुत्तरात्मक प्रश्न

प्रश्न 1. लोक सेवा के आधारभूत मूल्य बताइए।

उत्तर : 1. सत्यनिष्ठा, 2. निष्पक्षता, 3. गैर पक्षधरता, 4. लोक सेवा के प्रति समपर्ण, 5. करुणा, 6. सहानुभूति इत्यादि।

प्रश्न 2. सत्यनिष्ठा क्या है?

उत्तर : सार्वजनिक प्राधिकारी द्वारा पद के दायित्वों व कर्त्तव्यों का पालन ईमानदारी व प्रतिबद्धता के आधार पर करना सत्यनिष्ठा है।

प्रश्न 3. निष्पक्षता क्या है?

उत्तर : निष्पक्षता का अर्थ है- किसी सार्वजनिक प्राधिकारी को धर्म, लिंग, जाति व संप्रदाय से प्रभावित हुए बिना निर्णय लेना और पद के दायित्वों को पूरा करना।

प्रश्न 4. लोक सेवा के प्रति समर्पण क्या है?

उत्तर : लोक सेवा मूल्यों व उत्तरदायित्व की स्वीकार्योक्ति और ईमानदारी व प्रतिबद्धता से सार्वजनिक दायित्वों की पूर्ति करना लोक सेवा के प्रति समर्पण कहलाता है।

प्रश्न 5. गैर-पक्षधरता क्या है?

उत्तर : बिना किसी राजनीतिक विचारधारा व पार्टी से प्रभावित होकर शासन की योजनाओं व कार्यक्रमों को लागू करना और जनकल्याण को सुनिश्चित करना गैर-पक्षधरता है।

प्रश्न 6. अभिक्षमता क्या है?

उत्तर : किसी व्यक्ति विशेष की वह सामर्थ्य जिसके द्वारा वह विशिष्ट क्षेत्र का ज्ञान का अर्जन करता है और कार्यों का निष्पादन करता है।

प्रश्न 7. अभिक्षमता की प्रमुख विशेषताएँ बताइए।

उत्तर : 1. यह मानव की अंतर्निहित क्षमता है।

2. यह जन्मजात व अर्जित दोनों प्रकार की होती है।

प्रश्न 8. सत्यनिष्ठा के प्रकार बताइए।

उत्तर : सत्यनिष्ठा के दो प्रकार स्वीकार किये जाते हैं- 1. बौद्धिक सत्यनिष्ठा, 2. पेशेवर सत्यनिष्ठा।

प्रश्न 9. बौद्धिक सत्यनिष्ठा किसे कहते हैं?

उत्तर : पूर्वाग्रह से रहित होकर अन्य लोगों के साथ उचित व सम्मानपूर्ण व्यवहार करना तथा दोहरे बर्ताव से बचना ही बौद्धिक सत्यनिष्ठा है।

प्रश्न 10. पेशेवर सत्यनिष्ठा से क्या तात्पर्य है?

उत्तर : सार्वजनिक पद से जुडे दायित्वों की पूर्ति निर्धारित मूल्यों व नियमों के आधार पर करना पेशेवर सत्यनिष्ठा है।

लघुत्तरात्मक प्रश्न

प्रश्न 1. सत्यनिष्ठा पर संक्षिप्त में चर्चा कीजिए। सत्यनिष्ठा की प्रशासन में उपयोगिता बताइए।

उत्तर : सार्वजनिक पदाधिकारी द्वारा पद के दायित्वों व कर्त्तव्यों का पालन ईमानदारी व प्रतिबद्धता के आधार पर करना सत्यनिष्ठा है। सत्यनिष्ठा के दो प्रकार माने जाते हैं-

1. **बौद्धिक सत्यनिष्ठा-** पूर्वाग्रह से रहित होकर अन्य लोगों के साथ वही बर्ताव किया जाए जो स्वयं चाहते हैं।
2. **पेशेवर सत्यनिष्ठा-** पद से जुड़े दायित्वों की पूर्ति निर्धारित मानकों व नियमों के अनुसार करना।

सत्यनिष्ठा से प्रशासन को होने वाली उपयोगिता इस प्रकार हैं-

1. अधिकारी की जनता में विश्वसनीयता में वृद्धि होती है।
2. सामाजिक परिवर्तन लाना आसान होता है।
3. कानूनों व नियमों के प्रति प्रतिबद्धता बढ़ती है।

प्रश्न 2. लोक सेवकों की निष्पक्षता पर टिप्पणी कीजिए?

उत्तर : लोक सेवकों की निष्पक्षता का अर्थ है कि वह बिना किसी भेदभाव के समस्त नागरिकों के हित में कार्य करेगा। लोक सेवकों में निष्पक्षता होने पर ही वह सरकारी कार्यक्रमों व योजनाओं को कुशलतापूर्वक प्रभावी रूप से निष्पादित कर सकता है। इसके परिणामस्वरूप सरकार व लोक सेवकों के प्रति जनता का विश्वास बढ़ता है। सरकारी कार्यक्रमों में जनता की सहभागिता प्राप्त होने से कार्यक्रमों की सफलता बढ़ जाती है। लोक सेवकों की स्थिति व प्रतिष्ठा में वृद्धि होती है। अत: प्रत्येक लोक सेवक को भाई-भतीजाबाद या स्वार्थ हित से रहित होकर दायित्वों का पालन करना चाहिए।

प्रश्न 3. अभिक्षमता क्या है? इसके प्रमुख लक्षण बताइए।

उत्तर : किसी व्यक्ति विशेष की वह सामर्थ्य जिसके द्वारा वह विशिष्ट क्षेत्र का ज्ञान का अर्जन करता है और कार्यों का निष्पादन करता है। अभिक्षमता की प्रमुख विशेषताएँ इस प्रकार हैं-

1. यह मान में अंतर्निहित सामर्थ्य शक्ति हैं।
2. यह जन्मजात होती है और इसे प्रशिक्षण द्वारा भी अर्जित करना संभव है।
3. जन्मजात होने के कारण यह वंशानुगत होती है।
4. अभिक्षमता कार्य निष्पादन के माप का एक साधन है।

प्रश्न 4. लोक सेवा के प्रति समर्पण क्या है? इससे प्राप्त होने वाले लाभों को लिखिए।

उत्तर : लोक सेवा मूल्यों व उत्तरदायित्व की स्वीकार्योक्ति और ईमानदारी व प्रतिबद्धता से सार्वजनिक दायित्वों की पूर्ति करना लोक सेवा के प्रति समर्पण हैं।

इससे प्राप्त होने वाले लाभ इस प्रकार हैं-

1. लोक सेवा के प्रति समर्पण एक ऐसा भाव है जिससे युक्त सिविल सेवक में कर्त्तव्यनिष्ठा सुनिश्चित होती है।

2. सिविल सेवक में ईमानदारी व निष्पक्षता का संचार होता है।

3. लोक सेवा को एक मिशन का रूप मिलता है।

4. सिविल सेवक के आत्मसम्मान में वृद्धि होती है और उसकी स्वीकार्यता बढ़ती है।

प्रश्न 5. गैर-पक्षधरता क्या है? भारतीय संविधान में गैर पक्षधरता सुनिश्चित करने वाले प्रावधानों का उल्लेख कीजिए।

उत्तर : बिना किसी राजनीतिक विचारधारा व पूर्वाग्रह से प्रभावित होकर शासन की योजनाओं व कार्यक्रमों को लागू करना और जनकल्याण को सुनिश्चित करना गैर पक्षधरता है।

संविधान में गैर पक्षधरता के संबंध में अनुच्छेद-311 में व्यवस्था दी गई है कि-

1. कोई भी लोकसेवक अपने नियुक्त करने वाले प्राधिकारी से निचले किसी प्राधिकारी द्वारा न तो पदच्युत किया जा सकता है और न पद से हटाया जा सकता है। [अनुच्छेद-311(1),

2. किसी भी सिविल सेवक को तब तक पदच्युत या हटाया या पंक्ति में अवनत नहीं किया जा सकता जब तक कि उसे अपनी प्रस्तावित कार्यवाही के विरुद्ध लगाये गये आरोपों के विरुद्ध सुनवाई का अवसर प्रदान न किया गया हो। [अनुच्छेद-311(2)]

निबंधात्मक प्रश्न

प्रश्न 1. लोक सेवा के मूल्यों की संक्षिप्त में विवेचना कीजिए।

उत्तर : गुड-गवर्नेंस की स्थापना के लिए लोक सेवा में नैतिकता व मूल्यों का होना जरूरी है। इनके बिना कोई भी लोक सेवा न तो शासन की नीतियों व कार्यक्रमों को प्रभावी ढंग से क्रियान्वित कर सकने में सक्षम होती है और न ही जनता में अपना विश्वास कायम रख सकती है।

लोक सेवा से जुड़े मूल्य इस प्रकार हैं-

1. **सत्यनिष्ठा-** सार्वजनिक प्राधिकारी द्वारा पद के दायित्वों व कर्त्तव्यों का पालन प्रतिबद्धता के साथ करना सत्यनिष्ठा है। सत्यनिष्ठा से लोक सेवक को सम्मान प्राप्त होता है। कार्य निष्पादन में सुधार होता है और जनकल्याण की प्राप्ति होती है। यह दो प्रकार की होती है- 1. बौद्धिक व 2. पेशेवर।

2. **निष्पक्षता-** किसी सार्वजनिक प्राधिकारी को धर्म, लिंग, जाति व संप्रदाय से प्रभावित हुए बिना निर्णय लेना और पद के दायित्वों की पूर्ति करना।

3. **गैर पक्षधरता-** किसी राजनीतिक पूर्वाग्रह से रहित होकर सरकार की योजनाओं व कार्यक्रमों को लागू करना गैर पक्षधरता है। इससे लोक सेवा का शासन का विश्वास व

सहयोग प्राप्त होता है और लोक सेवा निर्भीक होकर अपने दायित्वों का पालन करने में सक्षम होती है।

4. **लोक सेवा के प्रति समर्पण**- लोक सेवा मूल्यों व उत्तरदायित्व की स्वीकार्योक्ति और प्रतिबद्धता से सार्वजनिक दायित्वों की पूर्ति करना लोक सेवा के प्रति समर्पण है। इससे लोक सेवकों में कर्त्तव्यनिष्ठा का संचार होता है और सिविल सेवा को एक मिशन का रूप मिलता है।

5. **सहृदयता**- किसी दूसरे व्यक्ति की परेशानी को महसूस करना। इससे लोक सेवक में संवेदनशीलता के गुण का विकास होता है और लोक सेवा प्रासंगिक बनती है।

6. **निःस्वार्थता**- लोक प्राधिकारियों के निर्णय निजी स्वार्थ व हित से जुड़े हुए नहीं होने चाहिए, उन्हें जनता के हितों को प्राथमिकता देनी चाहिए।

7. **वफादारी**- लोक सेवा में वफादारी का गुण होना चाहिए। वह संगठन, कानून, संविधान व आम जनता के प्रति वफादार होनी चाहिए। उसे विशिष्ट व्यक्ति या किसी राजनैतिक दल के प्रति वफादारी से बचना चाहिए।

निष्कर्षतः उपर्युक्त मूल्यों से युक्त लोक सेवा का स्थान व प्रतिष्ठा सर्वोच्च होता है और वह गुड गवर्नेंस के आदर्श को पाने में सक्षम होती है।

❑❑

अध्याय-13

सामान्यज्ञ व विशेषज्ञ संबंध

अति लघुत्तरात्मक प्रश्न

प्रश्न 1. विशेषज्ञ से क्या तात्पर्य है?

उत्तर : विशेषज्ञ वह व्यक्ति होता है जिसे किसी क्षेत्र या कार्य विशेष में विशिष्ट योग्यता प्राप्त होती है; जैसे- डॉक्टर, वकील आदि।

प्रश्न 2. सामान्यज्ञ किसे कहते हैं?

उत्तर : यह ऐसा लोक सेवक है जिसकी कोई विशिष्ट पृष्ठभूमि नहीं होती है और इसे प्रशासन के किसी विभाग में स्थानान्तरित किया जा सकता है।

प्रश्न 3. विशेषज्ञों के पक्ष में दो तर्क डालिए।

उत्तर : 1. तकनीकी मामलों पर विशिष्ट सलाह देने में सक्षम होते हैं।

2. कम लागत व समय में कार्य निष्पादन करने में सक्षम होते हैं।

प्रश्न 4. सामान्यज्ञों के पक्ष में दो तर्क दीजिए।

उत्तर : 1. विशेषज्ञों की तुलना में व्यापक दृष्टिकोण होना।

2. समन्वय की विशेष क्षमता से युक्त।

प्रश्न 5. सामान्यज्ञ व विशेषज्ञ विवाद के दो कारण बताइए।

उत्तर : 1. वेतन व सेवाशर्तों में अंतर होना।

2. नीति-निर्माण में सामान्यज्ञों का वर्चस्व।

प्रश्न 6. सामान्यज्ञ-विशेषज्ञ सम्बंधों को सुधारने हेतु आप कौन-से दो सुझाव देना चाहेंगे?

उत्तर : 1. युक्ति-युक्ति वेतनक्रम की व्यवस्था होनी चाहिए।

2. दोनों को साथ-साथ प्रशिक्षण दिया जाए।

प्रश्न 7. सामान्यज्ञ व विशेषज्ञ विवाद प्रशासन में किस नाम से जाना जाता है।

उत्तर : प्रशासन में सामान्यज्ञ व विशेषज्ञ विवाद आई.ए.एस. बनाम नॉन सिविल सर्विसेज के नाम से जाना जाता है।

लघुत्तरात्मक प्रश्न

प्रश्न 1. सामान्यज्ञों के पक्ष में तर्क दीजिए।

उत्तर : 1. सामान्यज्ञों का दृष्टिकोण विशेषज्ञों की तुलना में व्यापक होता है क्योंकि वे विभिन्न विभागों में कार्य कर चुके होते हैं।

2. विकासशील देश में सामान्यज्ञ प्रशासनिक नियंत्रण व प्रतिबद्धता सिद्ध करते हैं।

प्रश्न 2. विशेषज्ञों के पक्ष में तर्क दीजिए।

उत्तर : 1. विशेषज्ञ तकनीकी जानकारी रखते हैं। अतः नीति में तकनीकी पक्ष को अच्छी तरह समझ सकते हैं।

2. प्रशासन की सामान्य क्रियाओं को विशेषज्ञ भी भली-भाँति संचालित कर सकते हैं।

3. व्यवहार में विशेषज्ञों को सामान्यज्ञ पदों पर तैनात किया गया है। अतः उनका कार्य निष्पादन अच्छा रहा है।

4. विशेषज्ञ कम लागत व समय में बेहतर निष्पादन देने में सक्षम होते हैं।

5. आज के बदलते दौर में समानता का अधिकार विशेषज्ञों को मिलना चाहिए।

प्रश्न 3. सामान्यज्ञ व विशेषज्ञ विवाद के प्रमुख कारणों का उल्लेख कीजिए।

उत्तर : 1. सामान्यज्ञों को विशेषज्ञों से अधिक पदोन्नति, वेतन-सुविधाएँ व स्थानान्तरण के अवसर प्राप्त हैं।

2. विशेषज्ञों द्वारा दी गई सलाह को सामान्यज्ञों द्वारा महत्व न देना।

3. राजनीतिक कार्यपालिका से सामान्यज्ञों की निकटता अधिक होती है जबकि विशेषज्ञों की निकटता कम होती है।

4. सामान्यज्ञ विशेषज्ञों के कार्य का मूल्यांकन करते है जो विवाद का कारण है।

5. नीति निर्माण कार्य में विशेषज्ञों की तुलना में सामान्यज्ञों को अधिक महत्व प्राप्त होना।

प्रश्न 4. सामान्यज्ञ-विशेषज्ञ विवाद पर संक्षिप्त में टिप्पणी कीजिए।

उत्तर : सामान्यज्ञ का तात्पर्य ऐसे लोक सेवक से है जिसकी विशिष्ट पृष्ठभूमि नहीं होती है। उसे एक विभाग से दूरे विभाग से स्थानान्तरण करना आसान होता है। विशेषज्ञ एक ऐसा व्यक्ति है जिसे किसी क्षेत्र विशेष की योग्यता प्राप्त है जैसे- आई.ए.एस. सामान्यज्ञ है जबकि डॉक्टर, वकील, विशेषज्ञ। इन दोनों में वेतन, सेवाशर्तों, सुविधा, स्थानान्तरण, नीति निर्माण में भूमिका इत्यादि को लेकर विवाद है। इस विवाद को कम करने हेतु निम्न उपायों को व्यवहार में लाया जाना चाहिए-

1. वेतन व सेवाशर्तों में अंतर को कम किया जाए।

2. दोनों को साथ-साथ प्रशिक्षण दिया जाए।

3. दोनों को एक-दूसरे के पक्ष पर स्थापित किया जाए।

4. सेवाओं को तीन भागों- सामान्यज्ञ, आर्थिक व तकनीकी में विभाजित किया जाए।

निबंधात्मक प्रश्न

प्रश्न 1. सामान्यज्ञ व विशेषज्ञ के पक्ष में पक्ष तर्क दीजिए। इनके बीच विवाद के कारण व समाधान हेतु सुझाव दीजिए-

उत्तर : सामान्यज्ञ के पक्ष में तर्क निम्न हैं-

1. सामान्यज्ञों का दृष्टिकोण विशेषज्ञों की तुलना में व्यापक होता है क्योंकि वे विभिन्न विभागों में कार्य कर चुके होते हैं।

2. विकासशील देश में सामान्यज्ञ प्रशासनिक नियंत्रण व प्रतिबद्धता सिद्ध करते हैं।

3. सामान्यज्ञ प्राय: उदार व निष्पक्ष दृष्टिकोण अपनाते हैं।

4. नीति निर्माण कार्य हेतु व्यापक दृष्टिकोण अपेक्षित हैं, जो सामान्यज्ञों में पाया जाता है।

5. सामान्यज्ञ समाज की बौद्धिक क्रीम है, जो योग्यता परीक्षा से आते हैं।

विशेषज्ञों के पक्ष में तर्क निम्न हैं-

1. विशेषज्ञ तकनीकी जानकारी रखते हैं अत: नीति में तकनीकी पक्ष को अच्छी तरह समझ सकते हैं।

2. प्रशासन की सामान्य क्रियाओं को विशेषज्ञ भी भली-भाँति संचालित कर सकते हैं।

3. व्यवहार में विशेषज्ञों को समान्यज्ञ पदों पर तैनात किया गया है अत: उनका कार्य निष्पादन अच्छा रहा है।

4. विशेषज्ञ कम लागत व समय में बेहतर निष्पादन देने में सक्षम होते हैं।

5. आज के बदलते दौर में समानता का अधिकार विशेषज्ञों को मिलना चाहिए।

इनके विवादों को निम्न सुझावों द्वारा कम किया जा सकता है-

1. वेतन व सेवाशर्तों में अंतर को कम किया जाए।

2. दोनों को साथ-साथ प्रशिक्षण दिया जाए।

3. दोनों को एक-दूसरे के पक्ष पर स्थापित किया जाए।

4. सेवाओं को तीन भागों- सामान्यज्ञ, आर्थिक व तकनीकी में विभाजित किया जाए।

□□

अध्याय-14

राजस्थान में प्रशासनिक ढांचा व प्रशासनिक संस्कृतिः राज्यपाल, मुख्यमंत्री, मंत्रिपरिषद्, राज्य सचिवालय व मुख्य सचिव

अति लघुत्तरात्मक प्रश्न

प्रश्न 1. राज्यपाल की नियुक्ति कौन करता है?

उत्तर : राज्यपाल की नियुक्ति राष्ट्रपति द्वारा अपने हस्ताक्षर व मुहर अधिपत्र द्वारा की जाती है। (अनु.-155)

प्रश्न 2. राज्यपाल पद हेतु योग्यताएँ कौन-कौन-सी हैं?

उत्तर : 1. भारत का नागरिक होना चाहिए।

2. 35 वर्ष की आयु प्राप्त कर चुका हो।

प्रश्न 3. राज्यपाल की पदावधि कितनी है?

उत्तर : सामान्यतया राज्यपाल की पदावधि पदग्रहण तिथि से लेकर 5 साल तक है। लेकिन यह पद राष्ट्रपति के प्रसादपर्यन्त होता है।

प्रश्न 4. अनुच्छेद-161 की विषय-वस्तु क्या है?

उत्तर : इस अनुच्छेद में राज्यपाल की क्षमादान शक्ति है। राज्यपाल किसी व्यक्ति के दण्ड को क्षमा, उसका प्रविलम्बन, विराम, परिहार व लघुकरण कर सकता है।

प्रश्न 5. मुख्यमंत्री की नियुक्ति कौन करता है?

उत्तर : संविधान के अनुच्छेद 164(1) के अंतर्गत मुख्यमंत्री की नियुक्ति राज्यपाल द्वारा की जाती है।

प्रश्न 6. राज्य मंत्रिपरिषद् का संगठन बताइए।

उत्तर : राज्य मंत्रिपरिषद् में कैबिनेट स्तर के मंत्री, राज्यस्तर के मंत्री, उपमंत्री व संसदीय सचिव होते हैं।

प्रश्न 7. सामूहिक उत्तरदायित्व किसे कहते हैं?

उत्तर : इसका अर्थ है कैबिनेट द्वारा लिया गया कोई भी निर्णय संपूर्ण मंत्रिपरिषद् का निर्णय होता है। कोई भी मंत्री इस निर्णय को स्वीकार करने से मना नहीं कर सकता।

प्रश्न 8. राज्य मंत्रिपरिषद् का आकार कितना है?

उत्तर : मंत्रिपरिषद् में मुख्यमंत्री सहित मंत्रियों की अधिकतम संख्या विधानसभा सदस्यों की सदस्य संख्या के 15 प्रतिशत के बराबर हो सकती है लेकिन किसी राज्य में यह संख्या 12 से कम नहीं होगी। (91वाँ संविधान संशोधन-2003) व लागू 2004 से।

प्रश्न 9. राज्यपाल की विधायी शक्ति क्या है?

उत्तर : विधानसभा द्वारा पारित विधेयक को स्वीकृति देकर कानून का रूप देना तथा अध्यादेश (अनु. 213) जारी करना।

प्रश्न 10. राज्य सचिवालय क्या है?

उत्तर : यह विभिन्न विभागों का संगठन है जिसका राजनीतिक प्रमुख एक मंत्री होता है जबकि प्रशासनिक प्रमुख मुख्य सचिव होता है।

प्रश्न 11. राज्य सचिवालय के कार्य बताइए।

उत्तर : नीति का निर्माण करना, समन्वयकारी, प्रशासकीय नेतृत्व, परामर्शदाता, सूचना केन्द्र की भूमिका निभाना इत्यादि इसके कार्य हैं।

प्रश्न 12. राज्य सचिवालय का प्रमुख अथवा मुख्य सचिव।

उत्तर : राज्य सचिवालय का प्रमुख मुख्य सचिव होता है। यह राज्य का वरिष्ठतम लोक सेवक होता है। इसकी नियुक्ति मुख्यमंत्री द्वारा की जाती है।

प्रश्न 13. मुख्य सचिव पद पर नियुक्त होने के लिए योग्यताएँ बताइए।

उत्तर : 1. मुख्यमंत्री का विश्वासपात्र होना चाहिए।

2. राज्य में सिविल सेवा का वरिष्ठतम व योग्य व्यक्ति हो।

लघुत्तरात्मक प्रश्न

प्रश्न 1. राज्य में राज्यपाल की भूमिका पर प्रकाश डालिए।

उत्तर : राज्य की कार्यपालिका शक्ति राज्यपाल में निहित होती है। राज्यपाल महत्वपूर्ण प्रशासनिक व विधायी दायित्वों को निर्वाह करता है। विधानमण्डल द्वारा विधेयकों को वह अपनी अनुमति देकर कानून का रूप देता है। जब विधानमंडल सत्र में नहीं होता तो कानून की पूर्ति अध्यादेश जारी करके करता है। यह राज्य में केन्द्र शासन के आदेशों, नियमों व नीतियों के क्रियान्वयन को सुनिश्चित करता है। यदि राज्य शासन इसमें असफल रहता है। तो इसकी जानकारी केन्द्र सरकार को देता है। राज्यपाल महत्वपूर्ण पदों पर नियुक्ति करता है।

प्रश्न 2. राज्यपाल को प्राप्त उन्मुक्तियाँ कौन-कौन-सी हैं? बताइए।

उत्तर : राज्यपाल को अनु. 361 निम्न उन्मुक्तियाँ देता है–

1. राज्यपाल को पद के दायित्वों के निर्वाह के सम्बंध में किसी न्यायालय में उत्तरदायी नहीं ठहराया जा सकता।
2. पदावधि के दौरान राज्यपाल को आपराधिक मामले की सुनवाई से छूट प्राप्त होती है।
3. पदावधि दौरान राज्यपाल को गिरफ्तार नहीं किया जा सकता है।

प्रश्न 3. राज्यपाल की स्वविवेकीय शक्तियों का उल्लेख कीजिए।

उत्तर : अनु. 163 राज्यपाल को स्वविवेकीय शक्ति प्रदान करता है। राज्यपाल को प्राप्त स्वविवेकी शक्तियाँ इस प्रकार हैं–

1. राज्यपाल विधानमंडल को किसी विधेयक पर पुनः विचार हेतु लौटा सकता है।
2. किसी विधेयक को राष्ट्रपति के विचारार्थ भेज सकता है।

3. मुख्यमंत्री से प्रशासन सम्बंधी जानकारी मांग सकता है।

4. कोई पार्टी सरकार बनाने की स्थिति में नहीं है जो विधानसभा को भंग कर कर सकता है।

5. विधानसभा में किसी पार्टी को स्पष्ट बहुमत न मिलने पर किसी व्यक्ति को मुख्यमंत्री नियुक्त करना।

प्रश्न 4. राज्यपाल की विधायी शक्ति पर संक्षिप्त टिप्पणी कीजिए।

उत्तर : राज्यपाल राज्य विधानमण्डल का अभिन्न अंग होता है क्योंकि यह कानून निर्माण से जुड़े दायित्व का निर्वाह करता है। यह विधानमंडल द्वारा पारित विधेयक को अपनी अनुमति देता है और उसे कानून का रूप देता है। जब विधानमण्डल सत्र में नहीं होता और कानून की आवश्यकता होती है तो अध्यादेश जारी करता है। राज्यपाल विधानमण्डल में यदि कोई विधेयक विचाराधीन है तो उसके सम्बंध में संदेश भेज सकता है। यह विधानसभा को विघटित कर सकता है। यह विधानमण्डल का सत्र आहूत करता है और सत्रावसान करता है।

प्रश्न 5. राज्यपाल व मुख्यमंत्री के सम्बंध को स्पष्ट कीजिए।

उत्तर : राज्यपाल राज्य प्रमुख होता है जबकि मुख्यमंत्री शासन प्रमुख होता है। राज्यपाल की सहायता व सलाह हेतु राज्य मंत्रिपरिषद् होती है जिसका प्रमुख मुख्यमंत्री होता है। मुख्यमंत्री राज्यपाल को शासन संबंधी सूचनाएँ देता है। राज्यपाल भी मुख्यमंत्री से सूचनाएँ प्राप्त कर सकता है। यदि किसी विषय पर संपूर्ण मंत्रिपरिषद् ने निर्णय नहीं लिया है तो उसे संपूर्ण मंत्रिपरिषद् में विचारार्थ रखवा सकता है।

प्रश्न 6. मुख्यमंत्री की नियुक्ति में राज्यपाल किन परम्पराओं का पालन करता है?

उत्तर : 1. सर्वप्रथम परम्परा के अनुसार विधानसभा में बहुमत प्राप्त दल के नेता को मुख्यमंत्री नियुक्त करता है।

2. यदि किसी दल को स्पष्ट बहुमत न मिले तो राज्यपाल क्रमशः–

(i) सबसे बड़े दल के नेता को बुलाता है।

(ii) चुनाव के पहले बने गठबंधन के नेता को बुलाता है।

(iii) अविश्वास प्रस्ताव आने पर विरोधी पार्टी के नेता का आमंत्रित करता है।

(iv) चुनाव पश्चात् बने गठबंधन के नेता को आमंत्रित करता है।

प्रश्न 7. राज्यमंत्रिपरिषद् व मुख्यमंत्री के सम्बंधों पर टिप्पणी कीजिए।

उत्तर : मुख्यमंत्री मंत्रिपरिषद् का अध्यक्ष होता है। वह मंत्रिपरिषद् की बैठकों की अध्यक्षता करता है। मुख्यमंत्री मंत्रियों की नियुक्ति पर राज्यपाल को सलाह देता है। यह किसी भी मंत्री को पदच्युत कर सकता है। यह मंत्रियों में विभागों का आवंटन करता है। मंत्रिपरिषद् में उठने वाले विवादों का निपटारा करता है। इसका निर्णय अंतिम होता है। यह मंत्रिपरिषद् में निर्णायक मत का प्रयोग भी कर सकता है।

प्रश्न 8. राज्य मंत्रिपरिषद् का संगठन बतलाते हुए इसके कार्य बताइए।

उत्तर : राज्य मंत्रिपरिषद् का गठन कैबिनेट स्तर के मंत्री, राज्य स्तर के मंत्री, उपमंत्री व संसदीय सचिवों से मिलकर होता है। इनमें से प्रथम तीन की नियुक्ति राज्यपाल द्वारा जबकि संसदीय सचिव की नियुक्ति मुख्यमंत्री द्वारा की जाती है।

राज्य मंत्रिपरिषद् के कार्य इस प्रकार हैं-

1. यह नीति व कार्यक्रमों का निर्माण करती है।
2. विधि व नियम सम्बंधी कार्य करना।
3. मानव संसाधन सम्बंधी मामलों हेतु नीतियों का निर्माण करना।
4. प्राकृतिक आपदा राहत सम्बंधी निर्णय लेना।
5. राज्यपाल को विभिन्न मामलों पर परामर्श देना इत्यादि।

प्रश्न 9. राज्य के मुख्य सचिव के कार्यों की विवेचना कीजिए।

उत्तर : 1. नीति निर्माण सम्बंधी मामलों पर राजनीतिक कार्यपालिका को सहायता देना।

2. राज्य सचिवालय को प्रशासनिक नेतृत्व देना और विभागों का निरीक्षण करना।

3. विभिन्न विभागों में समन्वय स्थापित करना। उनके बीच के विवादों का निपटारा करना।

4. मुख्यमंत्री के निर्देशों का पालन करना और सचिवालय की कार्य प्रक्रिया का निर्धारण करना।

5. क्षेत्रीय विभागों द्वारा किये गये कार्यों का मूल्यांकन, निरीक्षण, नियंत्रण व समन्वय करना इत्यादि।

प्रश्न 10. राज्य सचिवालय के संगठन को स्पष्ट करते हुए इसकी भूमिका की विवेचना कीजिए।

उत्तर : राज्य सचिवालय का राजनीतिक प्रमुख मुख्यमंत्री होता है और अन्य मंत्री भी होते हैं, जिनकी सहायतार्थ सचिव होते हैं। इस सचिवों का प्रमुख मुख्य सचिव होता है।

राज्य सचिवालय की भूमिका इस प्रकार है-

1. समन्वयकारी भूमिका के रूप में विवादों का निपटारा करना।
2. राज्य सूची के विषयों पर कानून निर्माण करना।
3. अधीनस्थ संस्थाओं का पर्यवेक्षण व नियंत्रण करना।
4. सूचना केन्द्र के रूप में मंत्रिमण्डल व राज्यपाल को शासन संबंधी सूचना उपलब्ध करवाना इत्यादि।

प्रश्न 11. राज्यपाल पद के संबंध में सरकारिया आयोग की प्रमुख सिफारिशों को लिखिए।

उत्तर : केन्द्र राज्य सम्बंधों पर रंजीत सिंह सरकारिया की अध्यक्षता में यह आयोग 1983 में गठित किया गया। इसकी प्रमुख सिफारिशें इस प्रकार हैं-

1. राज्यपाल पद पर किसी प्रतिष्ठित व्यक्ति को नियुक्त किया जाना चाहिए।
2. वह राज्य से बाहर का रहने वाला हो।
3. राजनीतिक रूप से तटस्थ व्यक्ति हो।
4. अल्पसंख्यक वर्गों से सम्बद्ध व्यक्तियों को पर्याप्त अवसर दिया जाए।
5. राज्यपाल की नियुक्ति से पूर्व मुख्यमंत्री से सलाह लेनी चाहिए।

प्रश्न 12. राज्यपाल पद हेतु नामजद प्रक्रिया को अपनाया गया है, न कि निर्वाचित प्रक्रिया को। इसके पीछे निहित तर्क क्या थे?

उत्तर : 1. चुनावी मुद्दों, व्यक्तिगत संघर्षों व निर्वाचन दुष्परिणामों से बचना।

2. प्रत्यक्ष रूप से निर्वाचित व्यक्ति स्वयं को मुख्यमंत्री से श्रेष्ठ समझता है, जिससे विवाद बढ़ता है।

3. निर्वाचन से अनावश्यक रूप से व्यय बढ़ता।

4. राज्यों पर केन्द्र सरकार का प्रभावी नियंत्रण स्थापित करना।

5. निर्वाचन पद्धति से अलगाववाद को बढ़ावा मिलता।

प्रश्न 13. राज्यपाल की कार्यपालिका शक्ति बताइए।

उत्तर : संविधान के अनुसार राज्य की कार्यपालिका शक्ति राज्यपाल में निहित होती है जो इस प्रकार है-

1. मुख्यमंत्री, अन्य मंत्रियों, महाधिवक्ता, राज्य लोक सेवा आयोग के अध्यक्ष व सदस्यों की नियुक्ति करता है।

2. यह विश्वविद्यालयों के पदेन कुलाधिपति के रूप में विश्वविद्यालय का कार्य संचालित करता है।

3. उच्च न्यायालयों की न्यायाधीशों की नियुक्ति के संबंध में राष्ट्रपति को परामर्श देता है।

4. विभिन्न मंत्रियों में विभागों का आवंटन करता है।

5. राज्य प्रशासन से सम्बंधित नियम-विनियम व अध्यादेश जारी करता है।

प्रश्न 14. राज्यपाल पद से जुड़े विभिन्न विवाद क्या है? बताइए।

उत्तर : राज्यपाल से जुड़े विभिन्न विवाद इस प्रकार हैं-

1. केन्द्र सरकार द्वारा राज्यपाल का चयन व पदमुक्त।

2. विधानसभा में किसी पार्टी का स्पष्ट बहुमत न होने पर राज्यपाल द्वारा स्वविवेक के आधार पर किसी भी व्यक्ति को मुख्यमंत्री नियुक्ति करना।

3. राज्यपाल द्वारा मंत्रिमण्डल को अपदस्थ करना।

4. राज्यपाल द्वारा विधानसभा को भंग करना।

5. समय-समय पर राज्यपालों द्वारा अनु. 356 का दुरुपयोग करना इत्यादि।

प्रश्न 15. मंत्रिपरिषद् व मंत्रिमंडल में अंतर कीजिए।

उत्तर : 1. मंत्रिपरिषद् का आधार बड़ा होता है जबकि मंत्रिमण्डल का आकार छोटा होता है।

2. मंत्रिपरिषद् के संगठन में कैबिनेट, राज्य उपमंत्री व संसदीय सचिव स्तर के मंत्री शामिल होते हैं। जबकि मंत्रिमंडल में केवल कैबिनेट स्तर के मंत्री होते हैं।

3. संपूर्ण मंत्रिमण्डल मंत्रिपरिषद् का एक भाग होता है जबकि मंत्रिपरिषद् मंत्रिमण्डल का भाग नहीं होती है।

4. मंत्रिपरिषद् शब्द संविधान में वर्णित है जबकि मंत्रिमण्डल शब्द संविधान में वर्णित नहीं है।

निबंधात्मक प्रश्न

प्रश्न 1. राज्यपाल की शक्तियों का उल्लेख करते हुए इसकी राज्य प्रशासन में स्थिति को स्पष्ट कीजिए।

उत्तर : राज्यपाल केन्द्र द्वारा नामजद व्यक्ति होता है। यह राज्याध्यक्ष होता है। इसे राज्य प्रशासन के अंतर्गत विभिन्न शक्तियाँ प्राप्त हैं-

1. **विधायी शक्ति**- यह विधानसभा द्वारा पारित विधेयकों को अनुमति देता है। आवश्यकता पड़ने पर कानून की पूर्ति हेतु अध्यादेश जारी करता है। विधानसभा को विघटित करने, इसको सत्र आहूत व सत्रावसान की शक्ति प्राप्त है।

2. **कार्यपालिका शक्ति**- विभिन्न महत्वपूर्ण पदों पर नियुक्ति व नियुक्ति हेतु परामर्श देना, मुख्यमंत्री से प्रशासन संबंधी जानकारी मांगना, मंत्रियों में कार्यों का आवंटन, राज्य प्रशासन के नियम-विनियम जारी करना इत्यादि कार्यपालिका शक्ति प्राप्त है।

3. **न्यायिक शक्तियाँ**- किसी के दण्ड को माफ करना, प्रविलम्बन करना, विराम, परिहार व लघुकरण की शक्ति प्राप्त है।

4. **स्वविवेकीय शक्तियाँ**- किसी विधेयक को राष्ट्रपति के विचारार्थ सुरक्षित करना, राज्य में राष्ट्रपति शासन लागू करने की सिफारिश करना, आम चुनाव में किसी भी दल को स्पष्ट बहुमत न मिलने पर विधानसभा का विघटन इत्यादि।

राज्यपाल की राज्य प्रशासन में भूमिका के दो आयाम हैं-

1. **संवैधानिक प्रमुख** के रूप में राज्यपाल में समस्त कार्यपालिका शक्ति निहित है लेकिन इन शक्तियों का प्रयोग कुछ परिस्थितियों को छोड़कर मंत्रिपरिषद् की सलाह के अनुसार ही कर सकता है।

2. **वास्तविक सलाहधारी** के रूप राज्यपाल एक शक्तिशाली पद के रूप में उभर कर आता है। यह निम्न मामलों में स्वविवेक का प्रयोग कर सकता है- मुख्यमंत्री के चपन, मंत्रिमंण्डल के विघटन, विधान सभा विघटन, मुख्यमंत्री से प्रशासन सम्बंधी सूचना प्राप्त करना इत्यादि।

निष्कर्षतः राज्यपाल राज्य प्रशासन में दोहरी भूमिका निभाता है। एक ओर जहाँ वह संवैधानिक प्रमुख होता है वहीं दूसरी ओर वह केन्द्र के एजेण्ट के रूप में भी कार्य करता है।

प्रश्न 2. राज्य मंत्रिपरिषद् के गठन व कार्यों की विवेचना कीजिए?

उत्तर : संविधान के अनुच्छेद 163 में यह व्यवस्था दी गई है कि प्रत्येक राज्य में राज्यपाल को सहायता व परामर्श हेतु एक मंत्रिपरिषद् होगी जिसका मुखिया मुख्यमंत्री होगा।

संविधान में मंत्रिपरिषद् के गठन के संबंध में कोई उपबंध नहीं है। सामान्यतया मंत्रिपरिषद् का गठन कैबिनेट, राज्यस्तर, उपमंत्री व संसदीय सचिव स्तर के मंत्रियों से मिलकर होता है।

राज्य मंत्रिपरिषद् के कार्य इस प्रकार हैं-

1. यह राज्य प्रशासन सम्बंधी नीतियों का निर्धारण करती है।

2. मंत्रिपरिषद् विधानमण्डल के विधायी कार्यक्रमों को तय करती है तथा विधेयकों को प्रस्तावित करती है।

3. मंत्रिपरिषद् राज्य-शासन का संचालन करती है। यह प्रशासकीय, अर्द्ध प्रशासकीय व स्वायत्तशासी संस्थाओं पर नियंत्रण रखती है।

4. राज्य मंत्रिपरिषद् शासन कार्य हेतु आवश्यक विल की व्यवस्था बजट बनाकर करती है।

5. यह कार्मिक मामलों का प्रबंधन करती है और कार्मिक प्रशासन पर नियंत्रण रखती है।

6. विभिन्न भागों में उत्पन्न विवादों का निपटारा करती है और उनमें समन्वय स्थापित करती है।

7. प्राकृतिक आपदाओं के समय तात्कालिक सहायता पहुँचाना इत्यादि।

निष्कर्षतः मंत्रिपरिषद् का कार्यक्षेत्र व्यापक है। इसके द्वारा जनहित सम्बंधी विभिन्न दायित्वों का निर्वाह किया जाता है।

प्रश्न 3. राज्य प्रशासन में मुख्य सचिव की भूमिका का वर्णन कीजिए।

उत्तर : मुख्य सचिव राज्य सचिवालय का प्रमुख होता है। यह राज्य में सिविल सेवा का वरिष्ठतम लोक सेवक होता है। इसकी नियुक्ति मुख्यमंत्री द्वारा की जाती है। मुख्य सचिव की भूमिका राज्य प्रशासन में महत्वपूर्ण होती है जो इस प्रकार है-

1. यह राज्य मंत्रिमंडल का प्रमुख होता है तथा मंत्रिमंडल बैठकों की कार्यसूची तैयार करता है।

2. यह नीति सम्बंधी मामलों में मंत्रिमण्डल को सलाह व सहायता देता है।

3. यह विभिन्न विभागों व संस्थाओं के मध्य के विवादों का समाधान करता है और समन्वय स्थापित करता है।

4. यह केन्द्र सरकार, राज्य सरकार व अन्य राज्य सरकारों के मध्य आवश्यक पत्र व्यवहार करता है। यह मुख्य सचिवों के सम्मेलनों में राज्य का प्रतिनिधित्व भी करता है।

5. यह उन विभागों का प्रशासनिक प्रमुख भी होता है जो मुख्यमंत्री के अधीन हैं।

6. आपातकाल के समय यह संपूर्ण राज्य प्रशासन तंत्र का केन्द्र बिन्दु बनकर उभरता है।

7. यह राज्य में कानून-व्यवस्था संबंधी दायित्व का निर्वाह करता है। यह कानून-व्यवस्था से जुड़े पदाधिकारियों से संपर्क करता है।

8. राष्ट्रपति शासन के दौरान यह राज्यपाल को सहायता व सलाह उपलब्ध करवाता है।

निष्कर्षतः राज्य प्रशासन में मुख्य सचिव की भूमिका विशिष्ट होती है। अतः इस पद पर आसीन व्यक्ति योग्य, कुशल, अनुभवी, ईमानदार और मुख्यमंत्री का विश्वासपात्र व्यक्ति होना चाहिए।

प्रश्न 4. राज्य सचिवालय के संगठन को स्पष्ट करते हुए इसकी भूमिका को विवेचना कीजिए?

उत्तर : राज्य सचिवालय का संगठन इस प्रकार है-

राज्य सचिवालय का संगठनात्मक ढाँचा

राजनैतिक ढाँचा-

मुख्यमंत्री
↓
कैबिनेट मंत्री
↓
राज्यमंत्री
↓
उपमंत्री
↓
संसदीय सचिव
↓

प्रशासनिक ढाँचा-

मुख्यसचिव
↓
अतिरिक्त मुख्य सचिव
↓
प्रमुख सचिव
↓
शासन सचिव
↓
विशिष्ट/अतिरिक्त सचिव
↓
उपसचिव
↓
सहायक सचिव/अनुभाग अधिकारी
↓
अन्य मंत्रालयिक कर्मचारी

राज्य सचिवालय की भूमिका इस प्रकार हैं-

1. यह जनता के कल्याण हेतु योजना व नीति बनाता है।
2. यह कानून व नियम निर्माण दायित्व को पूरा करता है।
3. राज्य सचिवालय प्रशासनिक कार्यों का संचालन करता है और प्रशासनिक नेतृत्व उपलब्ध करवाता है।
4. यह कार्मिकों से जुड़े मामलों का प्रबंधन करता है।
5. विभिन्न संगठनों व उनके कार्मिकों के बीच समन्वय स्थापित करता है।
6. जनता की शिकायतों की प्राप्ति व उनका निवारण करता है।
7. यह शासन सम्बंधी कार्यों के लिए बजट का निर्माण करता है और उसका निष्पादन करवाता है।
8. शासन सम्बंधी तथ्यों का एकत्रण व प्रतिवेदन तैयार करना इत्यादि।

निष्कर्षतः राज्य सचिवालय जनता के हित से जुड़े विभिन्न मामलों को देखता है। अतः इसके कार्यों की सूची भी विस्तृत है।

❑❑

अध्याय-15

प्रशासन पर विधायी व न्यायिक नियंत्रणः विधायी व न्यायिक की पद्धतियां व तकनीक

अति लघुत्तरात्मक प्रश्न

प्रश्न 1. प्रशासन पर विधायी नियंत्रण के साधनों को बताइए।

उत्तर : 1. प्रश्नकाल व शून्यकाल में प्रश्न पूछकर, 2. कामरोको प्रस्ताव व स्थगन प्रस्ताव, 3. राष्ट्रपति भाषण पर वाद-विवाद, 4. बजट पर बहस, 5. स्थायी वित्तीय समितियाँ।

प्रश्न 2. प्रशासन पर न्यायिक नियंत्रण के साधनों का उल्लेख कीजिए।

उत्तर : 1. न्यायिक पुनरावलोकन, 2. सरकार के विरुद्ध अभियोग, 3. लोकहितवाद (PIL)] 4. परमादेश, प्रतिषेध आदि रिटों द्वारा।

प्रश्न 3. विधायी नियंत्रण की दो कमियाँ बताइए।

उत्तर : 1. सांसदों में विशेषज्ञता की कमी व समयाभाव।

2. कार्यपालिका का बहुमत में होना।

प्रश्न 4. प्रश्नकाल क्या होता है?

उत्तर : प्रतिदिन संसद की कार्यवाही का पहला घंटा (11 बजे से 12 बजे) प्रश्नकाल होता है। इसमें सांसदों द्वारा शासन से प्रश्न पूछे जाते हैं।

प्रश्न 5. शून्यकाल क्या है?

उत्तर : प्रतिदिन लोक सभा की कार्यवाही में 12 से 1 बजे तक का समय शून्यकाल होता है। इसमें अविलम्ब महत्व के प्रश्न पूछे जाते हैं जिनका मंत्री को जवाब देना पड़ता है।

प्रश्न 6. राष्ट्रपति किन दो अवसरों पर संसद के संयुक्त अधिवेशन को सम्बोधित करता है?

उत्तर : 1. नवीन लोक सभा का गठन होने पर।

2. प्रत्येक वर्ष के प्रारंभ में संसद के प्रथम अधिवेशन पर।

प्रश्न 7. ध्यानाकर्षण प्रस्ताव किसे कहते हैं?

उत्तर : इस प्रस्ताव द्वारा सदन का ध्यान किसी ज्वलत मुद्दे पर आकर्षित किया जाता है। संबंधित मंत्री को इस पर वक्तव्य देना होता है। इस पर बहस होती है, मतदान नहीं होता है।

प्रश्न 8. काम रोको प्रस्ताव से क्या तात्पर्य है?

उत्तर : यह प्रस्ताव सदन के किसी भी सदस्य द्वारा प्रस्ताव किया जा सकता है। इसके द्वारा ऐसे गंभीर सार्वजनिक महत्व के विषय पर ध्यान आकर्षित किया जाता है जिस पर तत्काल विचार जरूरी है।

प्रश्न 9. निंदा प्रस्ताव क्या है?

उत्तर : इस प्रस्ताव द्वारा विपक्षी पार्टी सरकार की नीति की आलोचना करती है। इस प्रस्ताव के कारणों को बताना होता है। इसके पारित होने पर सरकार को इस्तीफा देना नहीं पड़ता है।

प्रश्न 10. अविश्वास प्रस्ताव किसे कहते हैं?

उत्तर : यह विपक्षी पार्टी द्वारा सरकार के विरुद्ध केवल लोकसभा में लाया जाता है। इसका उद्देश्य सरकार के बहुमत में होने या न होने को जानना है। इसके पारित होने पर सरकार को त्यागपत्र देना पड़ता है।

प्रश्न 11. सार्वजनिक लेखा समिति की स्थापना व सदस्य संख्या के बारे में बताइए।

उत्तर : इस समिति की स्थापना बेल्वी आयोग की सिफारिश पर 1921 में (स्वतंत्र भारत में 1950 में) हुई। वर्तमान में इसकी सदस्य संख्या 22 (15 लोकसभा से तथा 7 राज्यसभा से) है।

प्रश्न 12. लोक लेखा समिति के कार्य बताइए।

उत्तर : 1. सरकार के विनियोजन लेखाओं का कैग की रिपोर्ट के संदर्भ में करना।

2. सार्वजनिक धन स्वीकृति के अनुसार व्यय हुआ है या नहीं यह सुनिश्चित करना।

प्रश्न 13. प्राक्कलन समिति की स्थापना व गठन बताइए।

उत्तर : स्थापना- 1950

गठन- इसमें 30 सदस्य होते हैं जो सभी लोकसभा से होते हैं।

प्रश्न 14. प्राक्कलन समिति का कार्य बताइए।

उत्तर : 1. प्रशासनिक व संगठनात्मक सुधार हेतु उपाय सुझाना।

2. कुशलता व मितव्ययिता की प्राप्ति हेतु सुझाव देना।

प्रश्न 15. सार्वजनिक उपक्रम समिति कब बनी?

उत्तर : 1964 में स्थापित इस समिति में कुल 22 सदस्य (15 लोकसभा व 7 राज्यसभा) होते हैं। यह समिति सार्वजनिक उपक्रमों के प्रतिवेदन व उनके आय-व्यय लेखाओं की जाँच करती है।

प्रश्न 16. संसद की स्थायी वित्तीय समितियों के नाम बताइए।

उत्तर : 1. लोक लेखा समिति, 2. प्राक्कलन समिति, 3. सार्वजनिक उपक्रम समिति।

प्रश्न 17. प्रशासन पर न्यायिक नियंत्रण के प्रमुख आधारों का उल्लेख कीजिए।

उत्तर : 1. अधिकार बाह्यता, 2. अधिकार-भ्रांति, 3. अधिकारों का दुरुपयोग, 4. प्रक्रियागत त्रुटि, 5. तथ्यगत त्रुटि।

प्रश्न 18. संवैधानिक उपचारों का उल्लेख कीजिए।

उत्तर : 1. बंदी प्रत्यक्षीकरण, 2. परमादेश, 3. प्रतिषेध, 4. उत्प्रेषण, 5. अधिकार पृच्छा।

प्रश्न 19. प्रशासन पर न्यायिक नियंत्रण की सीमाएँ बताइए।

उत्तर : 1. न्यायपालिका में पहलपन का अभाव।

2. न्यायिक नियंत्रण प्रकृति में शव परीक्षण के समान है।

प्रश्न 20. न्यायिक पुनरावलोकन से क्या तात्पर्य है?

उत्तर : न्यायालय द्वारा संसद व कार्यपालिका के आदेशों, नियतों व कार्यों की जाँच करना और संविधान विपरीत होने पर उन्हें शून्य घोषित करना।

प्रश्न 21. विभागीय समिति की संरचना बताइए।

उत्तर : इसमें कुल 31 सदस्य होते हैं इसमें 10 सदस्य राज्य सभा के तथा 21 लोकसभा के सदस्य होते हैं।

लघुत्तरात्मक प्रश्न

प्रश्न 1. प्रशासन पर संसदीय नियंत्रण की तकनीकों को स्पष्ट कीजिए।

उत्तर : 1. संसद द्वारा प्रशासन संबंधी नीतियों व कानूनों का निर्माण करना।

2. विधायिका द्वारा बजट पर बहस व बजट की सीमा तय करना।

3. संसदीय समितियों- लोक लेखा समिति, प्राक्कलन समिति व सार्वजनिक उपक्रम समितियों द्वारा नियंत्रण रखना।

4. राष्ट्रपति भाषण पर संसद सदस्यों द्वारा वाद-विवाद करना।

5. अन्य अवसरों- प्रश्नकाल, शून्यकाल आदि के समय सरकार की नीतियों पर बहस करना।

प्रश्न 2. लोक उपक्रम समिति पर संक्षिप्त नोट लिखिए।

उत्तर : कृष्णन मेनन समिति की अनुशंसा पर यह समिति 1964 में गठित की गई। इसमें कुल 22 सदस्य अर्थात् 15 लोकसभा से तथा 7 राज्यसभा से होते हैं। सभी सदस्यों का निर्वाचन एक वर्ष के लिए एकल संक्रमणीय मत पद्धति से आनुपातिक आधार पर होता है। इसमें कोई भी मंत्री सदस्य नहीं हो सकता। अध्यक्ष की नियुक्ति समिति सदस्यों में से लोकसभा स्वीकार करता है। राज्यसभा का सदस्य इसका अध्यक्ष नहीं होता। समिति का प्रमुख कार्य है- सार्वजनिक उपक्रमों के प्रतिवेदन व उनके आय-व्यय के लेखाओं की जाँच करना।

प्रश्न 3. लोक लेखा समिति पर संक्षिप्त टिप्पणी कीजिए।

उत्तर : लोक लेखा समिति की स्थापना सर्वप्रथम बेल्बी आयोग की सिफारिश पर 1921 में (स्वतंत्र भारत में 1950) हुई। इसमें कुल 22 सदस्य होते हैं। इनमें से 15 सदस्य लोकसभा से तथा 7 सदस्य राज्यसभा से होते हैं। इस समिति के सदस्यों का चुनाव प्रतिवर्ष आनुपातिक आधार पर एकल संक्रमणीय पद्धति से होता है। 1967 से इसका अध्यक्ष विपक्षी सदस्यों में से होता है। कोई भी मंत्री इस समिति का सदस्य नहीं होता है। यह कमेटी सरकार के विनियोजन लेखाओं का कैग की रिपोर्ट के बारे में परीक्षण करती है। कमेटी यह सुनिश्चित करती है कि धन की प्राप्ति और उसका व्यय विनियोजन अधिनियम में दी गई स्वीकृति के अनुसार ही हुआ है।

प्रश्न 4. प्राक्कलन समिति पर संक्षिप्त नोट लिखिए।

उत्तर : प्राक्कलन कमेटी की स्थापना 1950 में हुई। प्रारंभ में इसमें 25 सदस्य थे लेकिन आज इसमें सदस्यों की संख्या 30 है जो सभी लोकसभा के सदस्य होते हैं। सदस्यों का चुनाव प्रतिवर्ष आनुपातिक आधार पर होता है। इसमें विभिन्न राजनीतिक दलों का प्रतिनिधित्व होता है।

समिति का अध्यक्ष लोकसभा अध्यक्ष द्वारा मनोनीत किया जाता है लेकिन यदि लोकसभा उपाध्यक्ष इस कमेटी का सदस्य है तो वही इसका अध्यक्ष होता है। सामान्यतया सत्तारूढ दल का वरिष्ठ सदस्य इस पर चुना जाता है। प्राक्कलन समिति के कार्य इस प्रकार है-

1. प्रशासनिक व संगठनात्मक सुधार के उपाय सुझाना।
2. कुशलता व मितव्ययिता हेतु सुझाव देना।
3. अनुभावों में निहित मौद्रिक प्रावधानों के औचित्य की जाँच करना इत्यादि।

प्रश्न 5. प्रशासन पर विधायी नियंत्रण की सीमाएँ बताइए।

उत्तर : 1. संसद सदस्यों में विशेषज्ञता की कमी व उनके पास पर्याप्त समय न होना।

2. संसद का विशाल आधार होना।
3. प्रदत्त व्यवस्थापन के कारण कार्यपालिका का शक्तिशाली होना।
4. कार्यपालिका का बहुमत में होना।
5. गिलोटीन की बढ़ती प्रवृत्ति ने संसद के नियंत्रण को अप्रभावी बनाया है।

प्रश्न 6. प्रशासन पर न्यायिक नियंत्रण कब-कब आता है? स्पष्ट कीजिए।

उत्तर : 1. अधिकार बाह्यता अर्थात् प्रशासक द्वारा अधिकार क्षेत्र से बाहर जाकर कार्य करना।

2. अधिकार-भ्रांति अर्थात् प्रशासन द्वारा कानून की गलत व्याख्या करना।
3. अधिकार का दुरुपयोग अर्थात् जब प्रशासक जानबूझकर अधिकार का दुरुपयोग करता है।
4. प्रक्रियागत त्रुटि अर्थात् प्रशासक द्वारा निर्धारित प्रक्रिया का पालन नहीं करना।
5. तथ्यगत त्रुटि अर्थात् जब प्रशासक तथ्यों की प्राप्ति में भूल करके गलत तथ्यों के आधार पर कार्य करता है।

प्रश्न 7. प्रशासन पर न्यायिक नियंत्रण के साधनों को संक्षिप्त में बताइए।

उत्तर : 1. अनुच्छेद 300 के अनुसार सरकार के विरुद्ध अभियोग प्रस्तुत करना।

2. सरकारी अधिकारियों के विरुद्ध अभियोग प्रस्तुत करना।
3. प्रशासनिक कार्यों व निर्णयों का न्यायिक पुनरावलोकन करना।
4. न्यायालय द्वारा प्रशासकीय निर्णयों के विरुद्ध अपीलें सुनना।
5. संवैधानिक उपचारों के अंतर्गत विभिन्न रिट जारी करना- बंदी प्रत्यक्षीकरण, परमादेश, प्रतिषेध, उत्प्रेषण, अधिकार पृच्छा।

प्रश्न 8. प्रशासन पर न्यायिक नियंत्रण के संवैधानिक उपचारों को स्पष्ट कीजिए।

उत्तर : न्यायालय संवैधानिक उपचारों के अंतर्गत निम्न रिट जारी करता है-

1. **बंदी प्रत्यक्षीकरण-** यह रिट उस व्यक्ति की प्रार्थना पर जारी किया जाता है जो यह समझता है कि उसे अवैध रूप से बंदी बनाया गया है। इस रिट द्वारा गिरफ्तारी के कारणों को जानना होता है।

2. **परमादेश-** किसी सार्वजनिक पदाधिकारी को अपने कर्त्तव्य का पालन करवाने हेतु वह रिट जारी की जाती है।

3. **प्रतिषेध-** उच्च न्यायपालिका द्वारा निम्न न्यायापालिका को यह रिट जारी की जाती है।

4. **उत्प्रेषण**- यह रिट किसी मामले को निम्न न्यायालय से उच्च न्यायालय में भेजने के लिए जारी की जाती है। जिससे वह अपनी शक्ति से अधिक अधिकारों का प्रयोग न करें।

5. **अधिकार पृच्छा**- यह रिट किसी व्यक्ति द्वारा सार्वजनिक पद को धारण करने की वैधानिकता की जाँच हेतु जारी की जाती है।

प्रश्न 9. प्रशासन पर न्यायिक नियंत्रण की सीमाएँ लिखिए।

उत्तर : 1. न्यायपालिका में पहलपन की कमी होना। अत: पीड़ित पक्ष को स्वयं न्यायपालिका के पास जाना पड़ता है।

2. न्यायिक प्रक्रिया अत्यंत जटिल तथा खर्चीली है।

3. न्यायिक नियंत्रण प्रकृति में शव परीक्षण है।

4. न्यायाधीशों में प्रशासन की तकनीकी व प्रक्रिया की जानकारी की कमी होना।

5. संसद द्वारा अनेक कार्यों को न्यायिक परीक्षण के दायरे से बाहर रखना।

निबंधात्मक प्रश्न

प्रश्न 1. प्रशासन पर संसदीय नियंत्रण की आलोचनात्मक विवेचना कीजिए।

उत्तर : संसद देश की जनता की इच्छा को व्यक्त करने के साथ-साथ जन संरक्षण का कार्य भी करती है। इसलिए प्रशासन को उत्तरदायी बनाने के लिए प्रशासन पर संसदीय नियंत्रण आवश्यक है। प्रशासन पर संसदीय नियंत्रण के उपाय इस प्रकार हैं।

1. संसद द्वारा प्रशासन संबंधी नीतियों व कानूनों का निर्माण करना।

2. विधायिका द्वारा बजट पर बहस व बजट की सीमा तय करना।

3. संसदीय समितियों- लोक लेखा समिति, प्राक्कलन समिति व सार्वजनिक उपक्रम समितियों द्वारा नियंत्रण रखना।

4. राष्ट्रपति भाषण पर संसद सदस्यों द्वारा वाद-विवाद करना।

5. अन्य अवसरों- प्रश्नकाल, शून्यकाल आदि के समय सरकार की नीतियों पर बहस करना।

संसदीय नियंत्रण की निम्न सीमाएँ हैं-

1. सांसदों में तकनीकी ज्ञान व विशेषज्ञता का अभाव।

2. संसद में कार्यपालिका का बहुमत में होना।

3. बढ़ती अध्यादेश जारी करने की प्रवृत्ति।

4. प्रदत्त व्यवस्थापन में वृद्धि।

5. संसदीय समितियों की सिफारिशों की प्रकृति का परामर्शकारी होना इत्यादि।

निष्कर्षत: संसदीय नियंत्रण की उपर्युक्त सीमाओं को कम करके प्रशासन पर विधायी नियंत्रण को प्रभावशाली बनाया जाना चाहिए।

प्रश्न 2. प्रशासन पर न्यायिक नियंत्रण का आलोचनात्मक विवेचन कीजिए।

उत्तर : प्रशासन पर न्यायपालिका नियंत्रण प्रशासनिक कार्यों की वैधानिकता को सुनिश्चित करता है। प्रशासन पर न्यायपालिका का नियंत्रण कानून के शासन के सिद्धांत से निकलता है। प्रशासन पर न्यायपालिका के नियंत्रण के साधन इस प्रकार हैं-

1. अनुच्छेद 300 के अनुसार सरकार के विरुद्ध अभियोग प्रस्तुत करना।

2. सरकारी अधिकारियों के विरुद्ध अभियोग प्रस्तुत करना।

3. प्रशासनिक कार्यों व निर्णयों का न्यायिक पुनरावलोकन करना।

4. न्यायालय द्वारा प्रशासकीय निर्णयों के विरुद्ध अपीलें सुनना।

5. संवैधानिक उपचारों के अंतर्गत विभिन्न रिट जारी करना- बंदी प्रत्यक्षीकरण, परमोदश, प्रतिषेध, उत्प्रेषण, अधिकार पृच्छा।

लेकिन न्यायिक नियंत्रण की निम्न सीमाएँ हैं-

1. न्यायपालिका में पहलपन की कमी होना। अतः पीड़ित पक्ष को स्वयं न्यायपालिका के पास जाना पड़ता है।

2. न्यायिक प्रक्रिया अत्यंत जटिल तथा खर्चीली है।

3. न्यायिक नियंत्रण प्रकृति में शव परीक्षण है।

4. न्यायाधीशों में प्रशासन की तकनीकी व प्रक्रिया की जानकारी की कमी होना।

5. संसद द्वारा अनेक कार्यों को न्यायिक परीक्षण के दायरे से बाहर रखना।

निष्कर्षतः उपर्युक्त कमियों को दूर करके प्रशासन पर न्यायिक नियंत्रण को प्रभावी बनाया जाना चाहिए।

❑❑

अध्याय-16

जिला प्रशासनः संगठन, जिलाधीश एवं पुलिस अधीक्षक की भूमिका, उपखण्ड एवं तहसील प्रशासन

अति लघुत्तरात्मक प्रश्न

प्रश्न 1. जिला प्रशासन किसे कहते हैं?

उत्तर : किसी एक निश्चित क्षेत्र की इकाई जिसमें सार्वजनिक कार्यों का प्रबंध किया जाता है, वह जिला प्रशासन है। जैसे- जयपुर जिला प्रशासन।

प्रश्न 2. जिला प्रशासन के दो उद्देश्य बताइए।

उत्तर : 1. कानूनों व आदेशों को लागू करना।

2. भू-राजस्व एकत्र करना।

प्रश्न 3. जिला प्रशासन का प्रमुख कौन होता है? उसकी नियुक्ति कौन करता है।

उत्तर : जिला प्रशासन का प्रमुख जिला कलेक्टर होता है। यह अखिल भारतीय सेवा का सदस्य होता है। इसकी नियुक्ति राज्य सरकार द्वारा की जाती है।

प्रश्न 4. जिला प्रशासन के घटक बताइए।

उत्तर : 1. कानून-व्यवस्था प्रशासन, 2. राजस्व प्रशासन, 3. विकास प्रशासन, 4. अन्य जिला स्तरीय विभागीय अधिकारी।

प्रश्न 5. राजस्थान में संभागीय व्यवस्था को कब लागू किया गया?

उत्तर : राजस्थान में 26 जनवरी 1987 में संभागीय व्यवस्था को लागू किया गया जिसका प्रमुख संभागीय आयुक्त कहलाता है।

प्रश्न 6. संभागीय आयुक्त की नियुक्ति कौन करता है?

उत्तर : यह संभाग का प्रमुख प्रशासनिक अधिकारी होता है। इसकी नियुक्ति राज्य सरकार द्वारा की जाती है। यह जिला प्रशासन पर पर्यवेक्षक के रूप में अपनाया गया पद है।

प्रश्न 7. संभागीय आयुक्त के दो कार्य बताइए।

उत्तर : 1. यह जिला प्रशासन का पर्यवेक्षण करता है।

2. यह जिला प्रशासन से रिपोर्ट लेकर सरकार को देता है।

प्रश्न 8. जिला कलेक्टर की विभिन्न भूमिकाओं का उल्लेख कीजिए।

उत्तर : 1. प्रशासनिक अधिकारी की भूमिका, 2. जिला दंडनायक की भूमिका, 3. जिला विकास अधिकारी की भूमिका, 4. आपदा निवारक अधिकारी की भूमिका।

प्रश्न 9. तहसील का प्रमुख कौन होता है? इसकी नियुक्ति कौन करता है?

उत्तर : तहसील का प्रमुख तहसीलदार होता है। इसकी नियुक्ति राजस्व मंडल द्वारा की जाती है।

प्रश्न 10. पटवारी के कार्य बताइए।

उत्तर : 1. भू-अभिलेखों का संधारण, 2. राजस्व संग्रहण, 3. राजस्व अभियानों का संचालन, 4. भूमि सुधार कार्यक्रमों का क्रियान्वयन।

प्रश्न 11. पटवारी पद पर भर्ती कौन-सी संस्था/विभाग करता है।

उत्तर : पटवारी पद पर भर्ती का अधिकार राजस्व मंडल को दिया गया है। लेकिन जिले में पटवारी की भर्ती जिलाधीश करता है।

लघुत्तरात्मक प्रश्न

प्रश्न 1. संभागीय आयुक्त के कार्य बताइए।

उत्तर : 1. यह अपने अधिकार क्षेत्र के जिला प्रशासनों पर नियंत्रण रखता है।

2. यह अंतविभागीय समन्वय स्थापित करता है।

3. यह स्थानीय इकाइयों का निरीक्षण करता है और विसंगति होने पर उनका मार्गदर्शन करता है।

4. विकास सम्बंधी कार्यक्रमों व गतिविधियों के क्रियान्वयन को सुनिश्चित करता है।

5. संभाग स्तर पर कर्मिक प्रशासन संबंधी कार्यों का निष्पादन करता है।

6. यह भू-राजस्व अधिनियम के तहत मुकदमों की सुनवाई व अपीलीय प्राधिकारी के रूप में कार्य करता है।

प्रश्न 2. जिला कलेक्टर की प्रशासक के रूप में भूमिका बताइए।

उत्तर : 1. जिले की प्रशासनिक व्यवस्था पर नियंत्रण व पर्यवेक्षण रखता है।

2. यह जिले में जनगणना कार्य करवाता है।

3. यह जिले में चुनावी व्याख्याएँ करवाता है।

4. आय जनता की समस्याओं की सुनवाई करता है और उनका समाधान करता है।

5. यह जिले में प्रोटोकॉल के दायित्व को पूरा करता है।

प्रश्न 3. जिला कलेक्टर की दण्डनायक की भूमिका क्या है? स्पष्ट कीजिए।

उत्तर : 1. जिले में शांति, सुरक्षा व सद्भाव बनाए रखता है।

2. जिला पुलिस प्रशासन पर नियंत्रण रखता है।

3. जिलो कारागृह का निरीक्षण करता है।

4. धारा-144 के अंतर्गत शांति भंग के मामलों की सुनवाई करता है।

5. यह सांप्रदायिक दंगों, उग्र प्रदर्शनों, आतंककारी गतिविधियों पर नियंत्रण रखता है।

प्रश्न 4. जिला कलेक्टर के कार्यों को संक्षिप्त में लिखिए।

उत्तर : 1. जिले में राजस्व एकत्रण कार्य को सुनिश्चित करना।

2. यह जिले की भूमि का मालिक होता है। अतः यह भूमि सुधार, भूमि प्रबंध व अधिगृहण संबंधी कार्य करता है।

3. जिले में कानून-व्यवस्था को बनाए रखना।

4. यह प्राकृतिक आपदा के समय सहायता की व्यवस्था करता है।

5. यह विकास संबंधी कार्यक्रमों व योजनाओं की क्रियान्विति सुनिश्चित करता है; इत्यादि।

प्रश्न 5. उपखण्ड अधिकारी के कार्यों को स्पष्ट कीजिए।

उत्तर : 1. न्यायिक अधिकारी के रूप में यह भूमि संबंधी प्रकरणों में तहसीलदार के निर्णयों के विरुद्ध शिकायत सुनता है। पटवारी व कानूनगो पर नियंत्रण रखता है।

2. भू-राजस्व अधिकारी के रूप में यह सार्वजनिक भूमि पर अतिक्रमण रोकता है और भू-राजस्व से जुड़े अपने अधीनस्थों पर नियंत्रण रखता है।

3. दण्डनायक अधिकारी के रूप में यह अपने क्षेत्र में कानून-व्यवस्था को सुनिश्चित करता है। अपने क्षेत्र में धारा 144 को लागू करना व पुलिस थानों-चौकियों का निरीक्षण करना।

4. प्रशासनिक अधिकारी के रूप में यह अपने अधीनस्थों को नियंत्रित करता है। उनका उचित मार्गदर्शन करता है। जनता को शासन से मिलने वाली सुविधा व वस्तुओं की पूर्ति को सुनिश्चित करता है, इत्यादि।

प्रश्न 6. तहसीलदार की भूमिका को स्पष्ट कीजिए।

उत्तर : 1. प्रशसनिक अधिकारी के रूप में यह आम चुनावों की व्यवस्था में जिला कलेक्टर को सहयोग करता है। जनगणना संबंधी कार्यों में सहयोग करता है। जनता की शिकायतों का समाधान करता है।

2. दण्डनायक अधिकारी की भूमिका में यह किसी व्यक्ति को सजा व आर्थिक दण्ड लगा सकता है।

3. भू-राजस्व अधिकारी के रूप में यह भू-राजस्व के एकत्रण पर निगरानी रखता है। भू-अभिलेखों को तैयार करवाता है, कृषि संबंधी-आँकड़ों का संग्रहण, भूमि नामांतरण करना इत्यादि।

4. अपने क्षेत्र में जनता को आवश्यक वस्तुओं की उपलब्धता सुनिश्चित करता है।

प्रश्न 7. पटवारी के कार्यों को संक्षिप्त में स्पष्ट कीजिए।

उत्तर : 1. यह गाँव की भू-सम्पत्ति से संबंधित अभिलेखों का संधारण करता है।

2. यह भू-राजस्व का संग्रहण करता है और राजस्व अभियानों का संचालन करता है।

3. पटवारी भूमि सुधार कार्यक्रमों का सफल क्रियान्वयन सुनिश्चित करता है।

4. प्राकृतिक आपदा के समय प्रभावितों तक सहायता पहुँचाता है।

5. यह भू-राजस्व, सफल, पशुधन इत्यादि से संबंधित आँकड़ों का संग्रहण करता और जिला कलेक्टर के माध्यम से राजस्व मंडल को भेजता है।

निबंधात्मक प्रश्न

प्रश्न 1. जिला कलेक्टर की भूमिका की आलोचनात्मक विवेचना कीजिए।

उत्तर : जिला कलेक्टर जिला प्रशासन का प्रशासनिक प्रमुख होता है। इसकी नियुक्ति राज्य सरकार द्वारा की जाती है। यह अखिल भारतीय सेवा का सदस्य होता है।

जिला प्रशासन में जिला कलेक्टर की भूमिका इस प्रकार है-

1. दण्डनायक के रूप में शांति व व्यवस्था की स्थापना, धारा-144 के अंतर्गत शांति भंग के मामलों की सुनवाई, पुलिस प्रशासन पर नियंत्रण, रात्रिकालीन शव परीक्षण की अनुमति देना इत्यादि कार्य करता है।

2. राजस्व अधिकारी के रूप में यह भूमि अभिलेखों का संधारण, भूमि अधिग्रहण, भूमि संरक्षण, भू-विवादों का समाधान करता है।

3. प्रशासनिक अधिकारी के रूप में अधीनस्थों का पर्यवेक्षण व नियंत्रण, जनगणना संबंधी कार्य, चुनावी व्यवस्था जनता की शिकायतों का समाधान, योजनाओं व कार्यक्रमों का क्रियान्वयन इत्यादि कार्य करता है।

4. विकास अधिकारी के रूप में यह विकास कार्यक्रमों से जुड़े कार्मिकों को निर्देशन देता है और समन्वय स्थापित करता है।

5. जिला आपदा प्रबंधन अधिकारी के रूप में यह आपदा सहायता की व्यवस्था करता है व आपदा बचाव की योजना इत्यादि बनाता है।

जिला कलेक्टर जिला प्रशासन में विविध कार्यों को करता है। लेकिन आज यह पद कई चुनौतियों का सामना कर रहा है-

1. जिला कलेक्टर का कार्यकाल निश्चित नहीं है। अत: इसे बार-बार स्थानान्तरण का सामना करना पड़ता है।

2. अनावश्यक राजनीतिक हस्तक्षेप इसके कार्यों में देखा जा सकता है।

3. जिला कलेक्टर पद पर कार्य की अधिकता है।

4. भ्रष्टाचार, भाई-भतीजावाद आदि दुष्प्रवृत्तियाँ इस पद को प्रभावित करती हैं।

निष्कर्षत: जिला कलेक्टर जिला प्रशासन में महत्वपूर्ण पदाधिकारी है। इससे जुड़ी चुनौतियों का निवारण करके इसे जनहितकारी बनाना चाहिए।

❑❑

अध्याय-17

विकास प्रशासन- अर्थ, क्षेत्र व विशेषताएं

अति लघुत्तरात्मक प्रश्न

प्रश्न 1. विकास प्रशासन क्या है?

उत्तर : विकास प्रशासन एक नवीन अवधारणा है जिसमें विकास से संबंधित घटक सम्मिलित होते हैं। इसका मुख्य उद्देश्य लोक कल्याण करना है।

प्रश्न 2. विकास प्रशासन शब्द का प्रयोग सर्वप्रथम किसने किया?

उत्तर : 1955 में सर्वप्रथम विकास प्रशासन का प्रयोग भारतीय अध्येता यू.एल. गोस्वामी द्वारा किया गया।

प्रश्न 3. विकास प्रशासन का जनक व उनकी पुस्तक का नाम बताइए।

उत्तर : 1. जनक- जॉर्ज जैण्ट

2. पुस्तक- डेवलपमेंट एडमिनिस्ट्रेशनः कॉन्सेप्टस्, गोल्स एवं मैथड्स।

प्रश्न 4. विकास प्रशासन के उद्भव के दो कारण बताइए।

उत्तर : 1. पुरातन लोक प्रशासन में प्रशासन के लक्ष्यों पर जोर देना।

2. नव विकासशील देशों का उदय और इन देशों में विकास की आवश्यकता।

प्रश्न 5. विकास प्रशासन की ए. वीडनर की परिभाषा दीजिए।

उत्तर : विकास प्रशासन राजनीतिक, आर्थिक व सामाजिक प्रगति के लिए संगठन का मार्गदर्शन करता है। यह मुख्य रूप से एक कार्योन्मुख व लक्ष्योन्मुख प्रशासनिक प्रणाली पर जोर देता है।

प्रश्न 6. विकास प्रशासन की चार विशेषताएँ लिखिए।

उत्तर : 1. परिवर्तनशीलता, 2. विकासात्मक प्रकृति, 3. आधुनिकीकरण, 4. प्रशासनिक कुशलता।

प्रश्न 7. विकास प्रशासन का मूल उद्देश्य बताइए।

उत्तर : इसका मूल उद्देश्य है- सामाजिक व आर्थिक विकास करना।

प्रश्न 8. नियामकीय प्रशासन का उद्देश्य क्या है?

उत्तर : राज्य में कानून व व्यवस्था स्थापित करना नियामकीय प्रशासन का मुख्य उद्देश्य है।

प्रश्न 9. प्रशासनिक प्रशासन का अर्थ स्पष्ट कीजिए।

उत्तर : नवीन परिस्थितियों के संदर्भ में प्रशासनिक व्यवस्था में सुधार करना प्रशासनिक विकास है। यह विकास प्रशासन का एक घटक है।

प्रश्न 10. विकास प्रशासन के क्षेत्र के दो बिन्दु बताइए।

उत्तर : 1. पोस्डकोर्व क्रियाएँ।

2. प्रशासन के ढाँचे का विकास करना।

प्रश्न 11. प्रशासनिक विकास संबंधी दो समस्याओं का उल्लेख कीजिए।

उत्तर : 1. योग्य व दक्ष कर्मचारियों की कमी।

2. प्रशासनिक व्यवस्था में पर्याप्त प्रोत्साहनों की कमी।

लघुत्तरात्मक प्रश्न

प्रश्न 1. विकास प्रशासन की अवधारणा को समझाइये।

उत्तर : विकास प्रशासन का तात्पर्य- विकास से संबंधित प्रशासनिक तंत्र से है। इसमें योजनाबद्ध तरीके से परिमाणात्मक व गुणात्मक परिवर्तन लाने का प्रयास किया जाता है। यह नियामकीय प्रशासन से जुड़ा हुआ है। साथ ही इसमें मानवीय, सामाजिक आदि पहलू सम्मिलित है। इसका उद्देश्य सामाजिक व आर्थिक कल्याण करना है। यह प्रकृति में विकासमान, परिवर्तनशील, प्रजातांत्रिक, परिणामोन्मुखी, प्रतिबद्ध, समय-कालिक तथा आधुनिक होता है। इसके कार्य क्षेत्र में पोस्डकोर्ब गतिविधियों के साथ-साथ नवीन तकनीकों का प्रयोग, कर्मचारियों का विकास, संगठन का विकास, सामाजिक-आर्थिक कार्यक्रम इत्यादि सम्मिलित हैं।

प्रश्न 2. विकास प्रशासन के प्रमुख लक्षण बताइए।

उत्तर : 1. विकास प्रशासन में नवीन परिस्थितियों के अनुरूप परिवर्तनशीलता व लचीलापन होता है।

2. यह परिणामोन्मुखी होता है। सामाजिक-आर्थिक परिवर्तन लाना इसका मुख्य उद्देश्य है।

3. यह प्रजातांत्रिक होता है। क्योंकि यह जन सामान्य की आकांक्षाओं की पूर्ति करता है।

4. यह प्रशासनिक विकास द्वारा प्रशासनिक दक्षता व कुशलता चाहता है।

5. यह संवेदनशील वर्ग-पिछड़े, वृद्ध व महिलाओं की समस्याओं के प्रति प्रतिबद्ध होता है।

प्रश्न 3. विकास प्रशासन व प्रशासनिक विकास में अंतर कीजिए।

उत्तर :

विकास प्रशासन	प्रशासनिक विकास
1. यह परिवर्तन निर्देशित है।	1. यह यथास्थिति निर्देशित है।
2. यह गतिशील व लचीला है।	2. यह पदसोपानी व कठोर है।
3. यह लक्ष्य प्राप्ति पर जोर देता है।	3. यह मितव्ययिता पर बल देता है।
4. यह रचनात्मक व सृजनशील होता है।	4. यह संगठन में परिवर्तन का विरोधी है।
5. यह विकेन्द्रीयकरण का समर्थक है।	5. यह केन्द्रीकरण में विश्वास करता है।

प्रश्न 4. विकास प्रशासन के उदय के कारण बताइए।

उत्तर : 1. पुरातन लोक प्रशासन में प्रशासन के अध्ययन व लक्ष्यों पर अत्यधिक बल देना।

2. विदेशी राष्टों के द्वारा विकासशील राष्ट्रों के विकास हेतु सहायता राशि देने के संदर्भ में प्रशासन के अध्ययन की आवश्यकता होना।

3. तकनीकी सहायता योजनाओं का विस्तार।

4. विकासशील देशों की समस्या समाधान के लिए स्वदेशी प्रशासनिक मॉडल की खोज करना।

5. तुलनात्मक प्रशासन व तुलनात्मक प्रशासन समूह की स्थापना।

प्रश्न 5. विकास प्रशासन के क्षेत्र को स्पष्ट कीजिए।

उत्तर : 1. विकास विकासन में पोस्डकोर्ब (भोजन, संगठन, स्टाफिंग, निर्देशन, समन्वय, रिपोर्ट, बजट) गतिविधियों का अध्ययन किया जाता है।

2. इससे प्रशासनिक सुधार व प्रबंधकीय विकास पर जोर दिया जाता है।

3. लोक सेवकों का प्रशिक्षण व आधुनिक प्रबंधकीय तकनीकों का प्रयोग।

4. आर्थिक, सामाजिक व राजनैतिक ढाँचे का प्रयोग।

5. विकास के कार्यक्रम, नीतियाँ व योजनाएँ इत्यादि।

प्रश्न 6. विकास प्रशासन व परम्परागत प्रशासन के मध्य अंतर कीजिए।

उत्तर :

परम्परागत प्रशासन	विकास प्रशासन
1. यह नियामकीय व प्रशासकीय होता है।	1. यह गतिशील व अंगीकरण होता है।
2. दक्षता व मितव्ययिता अभिमुखी होता है।	2. यह वृद्धि व कल्याणोंन्मुखी होता है।
3. यह कार्योन्मुखी है।	3. यह सम्बंधोन्मुखी है।
4. इसमें केन्द्रीयकृत निर्णय लिये जाते हैं।	4. इसमें सहभागी निर्णयन होते हैं।
5. यह यथास्थितिवादी होता है।	5. यह परिवर्तनोन्मुखी व भविष्य की दृष्टि रखता है।

निबंधात्मक प्रश्न

प्रश्न 1. विकास पर एक लेख लिखिए।

उत्तर : विकास प्रशासन का तात्पर्य- विकास से संबंधित प्रशासनिक तंत्र से है। इसमें योजनाबद्ध तरीके से परिमाणात्मक व गुणात्मक परिवर्तन लाने का प्रयास किया जाता है। यह नियामकीय प्रशासन से जुड़ा हुआ है। साथ ही इसमें मानवीय, सामाजिक आदि पहलू सम्मिलित हैं। इसका उद्देश्य सामाजिक व आर्थिक कल्याण करना है। यह प्रकृति में विकासमान, परिवर्तनशील, प्रजातांत्रिक, परिणामोन्मुखी, प्रतिबद्ध, समय-कालिक तथा आधुनिक होता है। इसके कार्य क्षेत्र में पोस्डकोर्ब गतिविधियों के साथ-साथ नवीन तकनीकों का प्रयोग, कर्मचारियों का विकास, संगठन का विकास, सामाजिक-आर्थिक कार्यक्रम इत्यादि सम्मिलित हैं।

विकास प्रशासन के क्षेत्र में निम्न बातें सम्मिलित की जाती हैं-

1. विकास प्रशासन में नवीन परिस्थितियों के अनुरूप परिवर्तनशीलता व लचीलापन होता है।
2. यह परिणामोन्मुखी होता है। सामाजिक-आर्थिक परिवर्तन लाना इसका मुख्य उद्देश्य है।
3. यह प्रजातांत्रिक होता है। क्योंकि यह जन सामान्य की आकांक्षाओं की पूर्ति करता है।
4. यह प्रशासनिक विकास द्वारा प्रशासनिक दक्षता व कुशलता चाहता है।

5. यह संवेदनशील वर्ग-पिछड़े, वृद्ध व महिलाओं की समस्याओं के प्रति प्रतिबद्ध होता है।

विकास प्रशासन उद्देश्योन्मुखी होता है। इसमें विकासात्मक नीतियों व लक्ष्यों का सूत्रीकरण किया जाता है। इसमें जनता की भागीदारी होती है और यह परिणामों का मूल्यांकन भी करता है। सामाजिक-आर्थिक परिवर्तन लाना इसका मुख्य उद्देश्य है। लेकिन विकास प्रशासन से जुड़ी कुछ सीमाएँ भी हैं, जो इस प्रकार हैं-

1. व्यावहारिक रूप से विकास व गैर-विकास प्रशासन के मध्य अंतर करता है, जो अत्यधिक कृत्रिम है।

2. नौकरशाही की मानसिकता विकास प्रशासन के मार्ग को रोकती है, क्योंकि विकास प्रशासन परिवर्तन का समर्थक है, जबकि नौकरशाही परिवर्तन विरोधी है।

निष्कर्षत: विकास प्रशासन एक नवीन संकल्पना है, जो गुड गवर्नंस के लक्ष्य प्राप्ति में सहायक है। अत: इसमें जुड़ी कमियों को दूर करके विकास प्रशासन को मजबूत व व्यावहारिक बनाना अनिवार्य है।

❑❑

अध्याय-18

राज्य मानवाधिकार आयोग, राज्य निर्वाचन आयोग, राज्य बिल आयोग, लोकायुक्त, राजस्थान लोक सेवा आयोग एवं राजस्थान लोक सेवा गारंटी अधिनियम-2011

अति लघुत्तरात्मक प्रश्न

प्रश्न 1. राजस्थान मानवाधिकार आयोग की स्थापना व संगठन के बारे में बताइए।

उत्तर : स्थापना - 18 जनवरी, 1999

संगठन - अध्यक्ष के अलावा चार सदस्य होते हैं।

प्रश्न 2. राजस्थान मानवाधिकार आयोग के सदस्यों की नियुक्ति व कार्यकाल बताइए।

उत्तर : 1. अध्यक्ष व सदस्यों की नियुक्ति राज्यपाल द्वारा की जाती है।

2. कार्यकाल- 5 वर्ष या 70 वर्ष की आयु प्राप्त होने तक है।

प्रश्न 3. राजस्थान मानवाधिकार के अध्यक्ष व सदस्यों को पद से हटाने के आधार क्या हैं?

उत्तर : 1. सिद्ध कदाचार, 2. न्यायालय द्वारा दिवालिया घोषित किया जाना, 3. अन्य रोजगार में संलिप्तता, 4. कार्य करने में असमर्थ व विकृत चित्त।

प्रश्न 4. राज्य मानवाधिकार के दो कार्य बताइए।

उत्तर : 1. मानवाधिकारों के उल्लंघन की जाँच करना।

2. मानवाधिकारों के सम्बंध में शोध करना।

प्रश्न 5. राज्य निर्वाचन आयोग से क्या तात्पर्य है?

उत्तर : संविधान के अनु. 243K के अंतर्गत यह संवैधानिक संस्था है। यह एक सदस्यीय (राज्य निर्वाचन आयुक्त) संस्था है। यह पंचायतों व निकायों के चुनावों के संचालन का अधीक्षण, निर्देशन व नियंत्रण करता है।

प्रश्न 6. राज्य निर्वाचन आयुक्त का कार्यकाल बताइए। इसे पद से कैसे हटाया जाता है?

उत्तर : कार्यकाल- 5 वर्ष या 65 वर्ष की आयु प्राप्त होने तक है।

पद से हटाना- उच्च न्यायालय के न्यायाधीशों की तरह पद से हटाया जाता है।

प्रश्न 7. राज्य वित्त आयोग क्या है?

उत्तर : यह अनु. 243-I के अंतर्गत गठित संवैधानिक संस्था है। यह पंचायती राज की वित्तीय शक्ति की रिपोर्ट राज्यपाल को देता है।

प्रश्न 8. लोकायुक्त की नियुक्ति व कार्यकाल बताइए।

उत्तर : लोकायुक्त की नियुक्ति राज्यपाल द्वारा की जानी है। इसका कार्यकाल 5 वर्ष या 65 वर्ष तक की आयु तक होता है।

प्रश्न 9. राजस्थान लोक सेवा आयोग की स्थापना व संगठन के बारे में बताइए।

उत्तर : स्थापना- 16 अगस्त 1949।

संगठन- अध्यक्ष सहित आठ सदस्य।

प्रश्न 10. राजस्थान लोक सेवा आयोग के अध्यक्ष व सदस्यों की नियुक्ति प्राधिकारी व इनका कार्यकाल बताइए।

उत्तर : 1. नियुक्ति प्राधिकारी- राज्यपाल।

2. कार्यकाल- 6 वर्ष या 62 वर्ष की आयु प्राप्त होने तक।

प्रश्न 11. राजस्थान लोक सेवा आयोग के अध्यक्ष व सदस्यों को हटाने का अधिकार किसे प्राप्त है। इनको पद से हटाने के आधारों का उल्लेख कीजिए।

उत्तर : 1. इनको कार्यकाल समाप्ति से पूर्ण राष्ट्रपति द्वारा पद से हटाया जा सकता है।

2. पद से हटाने के आधार- सिद्ध कदाचार, दिवालिया घोषित होने, अन्य रोजगार में संलिप्तता, कार्य करने में असमर्थ।

प्रश्न 12. राजस्थान लोक सेवा आयोग के दो कार्य बताइए।

उत्तर : 1. भर्ती हेतु परीक्षाओं का आयोजन करना।

2. अनुशासनात्मक मामलों पर परामर्श।

प्रश्न 13. राजस्थान लोक सेवा आयोग के सदस्यों की योग्यताएँ बताइए।

उत्तर : संविधान अनुसार आयोग के कम से कम आधे सदस्य ऐसे हों जिन्होंने 10 साल तक शासकीय सेवा में कार्य किया हो।

प्रश्न 14. राजस्थान लोक सेवा आयोग के अध्यक्ष व सदस्य सेवानिवृत्ति बाद किन पदों को धारण कर सकते हैं?

उत्तर : 1. अध्यक्ष संघ लोक सेवा आयोग में अध्यक्ष या सदस्य तथा दूसरे राज्य लोक सेवा आयोग में अध्यक्ष पद प्राप्त कर सकता है।

2. सदस्य उसी या दूसरे राज्यों के आयोग में अध्यक्ष पद तथा संघ लोक सेवा आयोग में अध्यक्ष व सदस्य पद प्राप्त कर सकता है।

प्रश्न 15. राजस्थान लोक सेवा गारंटी अधिनियम-2011 कब लागू हुआ?

उत्तर : यह अधिनियम 29 अगस्त, 2011 को लागू हुआ।

लघुत्तरात्मक प्रश्न

प्रश्न 1. राजस्थान मानवाधिकार आयोग के सदस्यों को पद से हटाने के प्रमुख आधारों को स्पष्ट कीजिए।

उत्तर : 1. उच्चतम न्यायालय द्वारा साबित सिद्ध कदाचार।

2. कार्य करने में असमर्थ करना।

3. दिवालिया घोषित किये जाने पर।

4. पदावधि दौरान अन्य रोजगार में संलिप्तता।

5. न्यायालय द्वारा विकृत चित्त घोषित किये जाने पर।

प्रश्न 2. राज्य निर्वाचन आयोग क्या है?

उत्तर : यह एक संवैधानिक संस्था है। इसका उल्लेख संविधान के अनु. 243K में है। यह एक सदस्यीय संस्था है। इसका प्रमुख राज्य निर्वाचन आयुक्त कहलाता है। इसकी नियुक्ति राज्यपाल द्वारा की जाती है। यह 5 वर्ष या 65 वर्ष की आयु तक पद पर रहता है। इस संस्था के दायित्वों में है: स्थानीय निकायों के चुनाव हेतु मतदाता सूची तैयार करवाना, चुनावों का अधीक्षण, निर्देशन व नियंत्रण करना इत्यादि।

प्रश्न 3. राज्य वित्त आयोग की संरचना बताइए।

उत्तर : राज्य वित्त आयोग एक बहुसदस्यीय संस्था है। इसमें अध्यक्ष सहित 5 सदस्य होते हैं-

1. अध्यक्ष- यह सार्वजनिक मामलों का अनुभवी व्यक्ति होता है।

2. चार सदस्यों में से-

प्रथम- सरकार के वित्त व लेखाओं का जानकार।

द्वितीय- वित्तीय मामलों व प्रशासन संबंधी विषयों का जानकार।

तृतीय- पंचायतीराज संस्थाओं व नगरीय निकायों के कार्यों का जानकार।

चतुर्थ- ग्रामीण व नगरीय विकास कार्यक्रमों के निर्माण या क्रियान्वयन से जुड़ा रहा हो।

प्रश्न 4. राज्य वित्त आयोग के दायित्वों की विवेचना कीजिए।

उत्तर : यह आयोग निम्न मामलों में सरकार की अनुशंसा करता है-

1. शुद्ध आय के राज्य व स्थानीय संस्थाओं में विभाजन की विधि के बारे में।

2. कर राजस्व का वह हिस्सा जो स्थानीय संस्थाओं को दिया जाना है, उसके विभाजन की विधि के बारे में।

3. कौन-से कर, फीसें अथवा शुल्क हो सकते हैं, जो स्थानीय निकायों को सौंपे जा सकते हैं।

4. राज्य संचित निधि से स्थानीय निकायों की सहायता अनुदान देने के सिद्धांतों के संबंध में।

5. स्थानीय संस्थाओं की वित्तीय स्थिति को मजबूत बनाने के बारे में।

प्रश्न 5. राजस्थान लोक सेवा आयोग के सदस्यों को पद से हटाने के आधारों का उल्लेख कीजिए।

उत्तर : राष्ट्रपति इनको निम्न आधारों पर पद से हटा सकता है-

1. उच्चतम न्यायालय द्वारा साबित सिद्ध कदाचार के आधार पर।

2. यदि किसी सदस्य को दिवालिया घोषित कर दिया गया हो।

3. राष्ट्रपति की राय में कार्य करने में असमर्थ है।

4. पद पर रहते हुए अन्य रोजगार में संलिप्त होने पर।

प्रश्न 6. राजस्थान लोक सेवा गारंटी अधिनियम-2011 को संक्षिप्त में स्पष्ट कीजिए।

उत्तर : राज्य सरकार द्वारा यह अधिनियम 29 अगस्त, 2011 से लागू किया गया है। इस अधिनियम का उद्देश्य है। भ्रष्टाचार पर नियंत्रण व निर्धारित अवधि में जनता को सेवा उपलब्ध करवाना। इस

अधिनियम के दायरे में 15 विभागों (53 विषयों से संबंधित 108 सेवाओं) को शामिल किया गया है। यदि कोई कर्मचारी निर्धारित समय में सेवा उपलब्ध नहीं करवाता है, तो उस पर आर्थिक जुर्माना लगाने का प्रावधान है। यह आर्थिक जुर्माना 500 रुपये से लेकर 5000 रुपये तक है। साथ ही आवश्यक विलम्ब के साथ सेवा उपलब्ध करवाता है तो प्रतिदिन 200 रुपये जो अधिकतम रुपये से 5000 रुपये हैं, का आर्थिक जुर्माना लगाने का प्रावधान भी रखा गया है।

निबंधात्मक प्रश्न

प्रश्न 1. राजस्थान लोकायुक्त संस्था की आलोचनात्मक विवेचना कीजिए।

उत्तर : आम जनता को स्वच्छ, पारदर्शी व जवाबदेय प्रशासन देने के लिए यह संस्था राजस्थान लोकायुक्त एवं उप लोकायुक्त अधिनियम-1973 द्वारा संचालित है। राजस्थान में यह अधिनियम 3 फरवरी, 1973 से लागू है।

राजस्थान में लोकायुक्त व उपलोकायुक्त पद पर नियुक्ति राज्यपाल द्वारा की जाती है। ये पद ग्रहण करने से पूर्व राज्यपाल के समक्ष पद की शपथ ग्रहण करते हैं। लोकायुक्त का स्तर उच्च के मुख्य न्यायाधीश या उच्चतम न्यायालय के न्यायाधीश के समान होता है। इसका कार्यकाल 5 वर्ष या 65 वर्ष की आयु प्राप्त होने तक है।

राज्य लोकायुक्त के कार्य इस प्रकार हैं-

1. यह मंत्रियों व अधिकारियों के विरुद्ध शिकायतों को प्राप्त करता है व उनका पंजीकरण करता है।
2. यह शिकायतों की जाँच करता है।
3. सक्षम अधिकारी को अग्रिम कार्यवाही की सिफारिश करता है।
4. झूठी शिकायतों पर शिकायतकर्त्ता को दण्डित करना।
5. भ्रष्टाचार नियंत्रण हेतु स्वत: संज्ञान पर किसी प्रकरण की जाँच करना इत्यादि।

लोकायुक्त उक्त कार्यों के संबंध में राज्यपाल को वार्षिक प्रतिवेदन प्रस्तुत करता है। इस संस्था की प्रभावशीलता को निम्न तत्व कम करते हैं-

1. इसकी सिफारिशें सरकार पर बाध्यकारी नहीं होती हैं।
2. सरकार द्वारा इसके कार्यक्षेत्र को संकुचित रखना।
3. इसके पास पर्याप्त कार्मिक न होना।
4. इसे दोषी अधिकारी को दण्डित करने की शक्ति प्राप्त नहीं होती है।

उपर्युक्त कमियों को दूर करके इस संस्था को प्रभावशाली बनाया जाना चाहिए ताकि आम जनता को स्वच्छ व पारदर्शी शासन प्राप्त हो सके।

प्रश्न 2. राजस्थान लोक सेवा आयोग की आलोचनात्मक विवेचना कीजिए।

उत्तर : राजस्थान लोक सेवा आयोग एक संवैधानिक संस्था है। इसका संविधान में अनु. 315 से 323 तक वर्णन है। राजस्थान लोक सेवा आयोग की स्थापना 16 अगस्त, 1949 को की गई। इसके अध्यक्ष व सदस्यों की नियुक्ति राज्यपाल द्वारा की जाती है। इनमें से कम से कम आधे सदस्य शासकीय क्षेत्र से होते हैं।

राजस्थान लोक सेवा आयोग के दायित्व इस प्रकार हैं-

1. यह लोक सेवा के पदों पर भर्ती के लिए परीक्षा आयोजित करता है।
2. भर्ती की रीतियों के सम्बंध में सरकार को सलाह देता है।
3. अनुशासनात्मक मामलों पर सरकार को सलाह देता है।
4. कार्य के दौरान हुई क्षतिपूर्ति के संबंध में मुआवजा राशि के बारे में परामर्श देना।
5. नियुक्ति पदोन्नति, सेवा स्थानांतरण के सिद्धांतों के बारे में सलाह देना इत्यादि।

इस प्रकार यह संस्था शासन में अपनी स्थापना से लेकर आज तक योग्यता का संचार कर रही है, लेकिन वर्तमान में इस संस्था पर प्रश्न चिह्न लगते रहे हैं-

1. समयबद्ध रूप से परीक्षाओं का आयोजन करने में असफल होना।
2. परीक्षा पेपर में त्रुटियों के कारण इस संस्था को न्यायिक कार्यवाही का सामना करना पड़ रहा है।
3. यह संस्था अत्यधिक कार्य से ग्रस्त है।
4. आयोग के पास पर्याप्त संसाधन न होना।

उपर्युक्त कमियों को दूर करके इस संस्था को योग्यता की प्रहरी संस्था के रूप में स्थापित किया जाना आवश्यक है।

प्रश्न 3. राजस्थान मानवाधिकार आयोग की संरचना व कार्यों की विवेचना कीजिए।

उत्तर : राजस्थान मानवाधिकार आयोग एक वैधानिक संस्था है। इसकी स्थापना 18 जनवरी 1999 को हुई। यह बहुसदस्यीय संस्था है। इसमें एक अध्यक्ष व चार अन्य सदस्य होते हैं। अध्यक्ष उच्च न्यायालय का सेवानिवृत्त मुख्य न्यायाधीश होता है। जबकि अन्य सदस्यों में हैं-

1. कोई एक जो उच्च न्यायालय का न्यायाधीश है या रहा है।
2. राज्य में कार्यरत जिला न्यायाधीश या पहले इस पद पर रह चुका है।
3. दो सदस्य जिन्हें मानवाधिकारों के बारे में व्यावहारिक अनुभव प्राप्त है।

राज्य मानवाधिकार के कार्य इस प्रकार हैं-

1. यह मानवाधिकार उल्लंघन के मामलों की जाँच करता है।
2. जेलों की स्थिति को देखना और अध्ययन करके सरकार को सिफारिशें देना।
3. मानवाधिकार के सम्बंध में शोध करना व जागरुकता लाना।
4. मानवाधिकार से जुड़े गैर सरकारी संगठनों को प्रोत्साहित करना इत्यादि।

इस प्रकार यह संस्था मानवाधिकारों के क्षेत्र में कार्यरत है, लेकिन इसके पास पर्याप्त संसाधन नहीं है। इसकी सिफारिशें सलाह मात्र है। यह दोषी को दण्डित नहीं कर सकता।

उपर्युक्त कमियों को दूर करके इस संस्था को प्रभावशाली बनाना होगा तभी मानवाधिकार की संकल्पना साकारित हो सकेगी।

❑❑

* 9 7 8 9 3 5 3 2 2 1 8 8 1 *
FCW - #0202 - 061026 - C0 - 216/140/7 - PB - 9789353221881 - Matt Lamination